COMMENT ARRÊTER DE TROP PENSER

Ne laissez pas l'anxiété et le stress vous contrôler, arrêtez les pensées negatives ! Apprenez des techniques efficaces, *étape par étape*, pour reprendre le contrôle de vos pensées et vivre la vie que vous voulez.

de

THOMAS MARTIN

Remerciements

Le livre que vous tenez entre vos mains est le résultat d'anecdotes, d'expériences et de conversations brillantes avec des collègues, des passionnés de neurosciences, des enseignants, des médecins et des professionnels de la santé mentale. Leur aide m'a permis de découvrir des outils de lutte contre la rumination hétérogènes et variés, de manière à offrir au lecteur une vue d'ensemble à 360 degrés de la rumination et des traitements que nous connaissons actuellement.

Sommaire

(Petite clause de non-responsabilité)

Pour tirer le meilleur parti de cette lecture, je vous recommande de la lire au moins deux fois. Vous pourrez ainsi en saisir toutes les facettes et tous les sens cachés

Allons-y...

> "Je dois cesser de trop réfléchir avant d'agir. Toutes mes opportunités s'envolent à jamais, laissant place à un regret inutile."
>
> Anonyme

INTRODUCTION

Je relis le dernier e-mail de la journée. Je plisse les yeux. Enfin, je clique sur le bouton *Envoyer* et je ferme l'ordinateur portable d'un air ennuyé. Le bureau est (presque) désert. Dehors, dans la rue, la lumière s'est éteinte depuis longtemps. De temps en temps, les lumières de la rue et les phares d'une voiture roulant à vive allure interrompent la monotonie d'une soirée ordinaire de décembre. Avant de refermer mon sac à dos et de rentrer chez moi - tout en réfléchissant à ce que je vais faire chauffer dans la poêle pour le dîner - je suis interrompu par une voix familière.

Marco - *nom de fantaisie* - travaille pour la même entreprise que moi depuis quelques mois. C'est un homme intelligent, fraîchement sorti de l'université, qui a une bonne attitude envers ses collègues plus expérimentés.

"Je vous dérange ? J'ai besoin d'un conseil à la volée..." - me dit-il.

"Racontez-moi tout !"

"Eh bien, cela fait un moment que j'envisage de partir à l'étranger pour perfectionner mon anglais et peut-être poursuivre mes études. Je me débrouille bien ici, hein, mais vous savez... j'ai d'autres aspirations !".

"C'est compréhensible..." - Après tout, à bien y réfléchir, notre Marco passe sa journée à côté de l'imprimante branlante, ou à distribuer café et documents d'un bout à l'autre de la salle de réunion.

"Laura m'a dit que vous aviez passé quelque temps à Londres. Vous pouvez peut-être m'aider..."

Et sans même me laisser le temps de répondre - après tout, mon stage non rémunéré au Royaume-Uni s'est terminé de manière peu idyllique et n'a pas duré plus de trois semaines - mon interlocuteur laisse libre cours à une chaîne potentiellement interminable de pensées (négatives et limitatives).

Je voudrais quitter l'Italie, mais où ? Peut-être serait-il préférable d'opter pour une capitale européenne offrant d'excellentes possibilités d'emploi, mais le coût du loyer, des transports et des frais universitaires augmenterait en conséquence. Ou peut-être pourrais-je faire le tour du monde avec mon sac à dos pour voir si la vie à l'étranger est faite pour moi... Ou quel type d'emploi pourrais-je chercher ? Je ne parle pas couramment les langues et mon anglais est un peu rouillé. Parfois, je pense que je me débrouille bien, mais de temps en temps, je me dis que personne n'est prêt à embaucher un Italien qui ne connaît même pas le passé du verbe "penser" ! - Il s'interrompt alors et éclate d'un rire nerveux.

Il poursuit : "Et si personne ne m'engage ? Et si je fais le tour mais que je ne trouve pas d'amis avec qui sortir le week-end ? Je ne pense pas être à la hauteur, mais il y a une petite voix dans ma tête qui me dit d'essayer. Le fait est que je ne sais pas comment justifier mon envie de voyager aux yeux de mes parents. Ils ont fait tant de sacrifices pour me permettre de terminer mes études, et c'est le premier stage que je peux ajouter à mon CV. Bref, je ne veux pas grand-chose. Je ne demande pas la lune. J'aimerais simplement trouver de nouvelles façons d'être heureuse. Même si, au fond, je n'ai aucune idée de la ville qui me conviendrait... Londres pourrait peut-être me convenir, car je sais qu'elle regorge d'Italiens dans la même situation que moi... Mais avec le Brexit..."

"Freinez, freinez !" - Je l'interromps. "Pourquoi ne pas prendre une grande respiration et essayer de déterminer quelles sont vos vraies priorités ? Vous semblez encore un peu perdu. Je vais vous dire : je suis très fatigué aujourd'hui, mais demain je vous offre un café à la pause et on discutera à tête reposée..." - Je rétorque. Je remets ma veste, souhaite une bonne soirée à mon interlocuteur et, sur le chemin du retour, je réfléchis aux implications pratiques de l'overthinking.

Cette dernière est la tendance à penser sans interruption, sans relâche, jusqu'à l'épuisement total de nos capacités cognitives. Les protagonistes d'un esprit trop pensant (et mauvais) ne sont pas les idées logiques et rationnelles attribuées aux grands penseurs du présent ou du passé. Loin de là. Ce sont des pensées obsessionnelles de nature vague, lassante et négative qui dominent le cerveau hyperpensif. Les personnes souffrant d'overthinking se retrouvent à la merci d'un radeau de fortune flottant en pleine mer dans la psyché humaine. Tels des naufragés à la dérive ou des marins sans boussole ni point de repère, ces personnes vivent dans un état de tension, d'incertitude et de difficulté à prendre des décisions personnelles (en l'absence de conseils ou de conditionnements d'autrui). De plus, à chaque fois que se présente l'opportunité de se lancer dans un projet, un hobby, un travail ou - comme dans le cas de mon interlocuteur - un transfert intercontinental, l'esprit propose une deuxième alternative. Puis une troisième. Puis une quatrième. Enfin, une cinquième, et ainsi de suite.

Le résultat ?

Un château de cartes composé d'un mélange savamment dosé de problèmes, de peur de l'échec, de peur du jugement des autres, d'incapacité à cultiver la confiance en soi et de besoin constant de confirmation de la part d'une famille, d'un partenaire, d'un ami ou d'un groupe social. Le travail d'un cerveau qui se consacre à la surpensée est incessant précisément parce qu'il ne parvient jamais à une résolution finale.

Le "grand fléau" du XXIe siècle trouve son origine dans le besoin de performance, d'excellence et de donner le meilleur de soi en permanence, et ce dans tous les domaines de l'existence. À bien y penser, nous sommes bombardés de slogans sur l'amélioration de soi, le développement personnel et l'épanouissement individuel qui nous obligent à être plus productifs, plus heureux, plus performants au travail, plus concentrés, plus créatifs, plus riches et même plus beaux et plus gymniques que nos pairs. Nous ressentons le besoin d'être admirés et enviés par la société. Et tandis que notre esprit s'efforce d'atteindre des objectifs complexes et souvent hors de notre portée, nous prenons la (mauvaise) habitude de ressasser sans cesse ce que nous avons fait dans le passé et ce que nous pourrions faire à l'avenir. C'est là que réside le problème : nous n'avons jamais assez de temps, d'énergie et de concentration pour ramener notre attention maladroite sur le présent.

Un vrai chaos, n'est-ce pas ?

Cher lecteur, chère lectrice, si vous avez décidé de plonger votre nez dans les pages du manuel que vous tenez entre vos mains - peut-être parce que le titre imprimé sur la couverture vous a intrigué, ou peut-être parce qu'il vous a été recommandé par un ami ou un collègue de travail - il y a de fortes chances que vous soyez dans une phase existentielle dominée par un millier de pensées. Doutes sur doutes, questions sur questions, problèmes sur problèmes. Comme par magie, le temps passe inexorablement et vous avez l'impression de ne pas avoir d'outils pour agir, pour changer, pour révolutionner votre vie en mieux.

Alors, j'espère que les conseils d'un ex-surpenseur DOC vous aideront à sortir de l'ornière, afin que vous puissiez avancer sur votre propre chemin. La direction ? Le bonheur.

Bien entendu, je n'ai pas l'intention de vous faire de fausses promesses. Je ne peux pas vous assurer que j'aurai un impact extraordinaire sur votre psychisme et vos schémas cognitifs - après tout, les conseils, anecdotes et exercices retranscrits dans les chapitres suivants sont de nature généraliste, c'est-à-dire qu'ils s'appliquent à peu près à tout le monde - mais je me permets de vous bercer avec l'idée de vous inspirer, de vous divertir et de vous informer afin d'éveiller en vous le feu de la passion et du changement. De nombreux penseurs excessifs n'ont besoin que d'un petit coup de pouce pour consulter un psychothérapeute, pour révolutionner leur routine quotidienne, pour prendre de petites et grandes décisions quotidiennes et, enfin, pour sortir du noir de l'esprit à l'aide de la lumière vacillante produite par une allumette. Car même la flamme d'une allumette, si elle est nourrie d'amour, est capable d'allumer un feu.

Il ne me reste plus qu'à vous souhaiter un excellent séjour entre les pages du livre que vous tenez entre vos mains avec une citation qui me tient particulièrement à cœur. Elle est de Goethe et résume en quelques mots l'un des problèmes les plus cruels de la vie contemporaine : "Penser est facile, agir est difficile, et mettre ses pensées en pratique est la chose la plus difficile au monde".

Êtes-vous prêt à vous engager ?

Une bonne lecture

Thomas Martin

Cher lecteur, je veux vous remercier de votre confiance et c'est pour cette raison que j'ai décidé de vous réserver l'accès à mon BONUS uniquement à vous qui avez acheté mon livre, veuillez cliquer sur le **QR CODE** ci-dessous :

Suivez-moi aussi sur :

Instagram : Thomas_martinlv

Page Facebook : Thomas Martin

CHAPITRE 1

L'identité d'un penseur sériel

"Vous savez, votre malaise émotionnel est plus fréquent que vous ne le pensez. Vous souffrez simplement d'un *excès de réflexion*..."

Trop quoi ?

Laissez-moi contextualiser le moment où, pour la première fois de mon existence, j'ai compris l'ampleur des pièges mentaux dont j'étais la victime involontaire.

Milan, 2015. Après une longue période de révolutions professionnelles, familiales et sentimentales, je déménage dans la métropole milanaise pour *repartir de zéro*. J'imprime un paquet de *CV*, les classe méticuleusement sur la table de la cuisine de mon appartement d'une pièce en Lombardie, et me lance à la recherche d'une entreprise intéressée par *" quelqu'un comme moi "*. Cependant, les premiers refus déclenchent en moi une bombe de négativité sans précédent, prête à exploser en 3, 2, 1...

Alors que j'étais un jeune homme dynamique, proactivee et à la recherche de nouveaux défis, je me retrouve à jouer le rôle d'un individu apathique, inattentif et désintéressé. Je renonce à me remettre en forme et à manger sainement, je m'enferme chez moi à la recherche d'opportunités de gains en ligne, je m'isole de ma famille et des (rares) amis milanais que j'ai rencontrés avec difficulté. Mon seul et *très fidèle compagnon de vie* devient plutôt mon esprit ; un esprit qui ne cesse de faire des connexions, de parler, de critiquer, mais aussi de m'adresser des mots d'accusation ou de réconfort. De temps en temps, le dialogue cérébral m'incite à recommencer. Mais dans l'immense majorité des cas, il ne fait qu'amplifier la culpabilité, les imperfections et les faiblesses que je porte en moi. Enfin, sur les conseils d'un proche, je me laisse convaincre de consulter un psychothérapeute de confiance pour tenter de comprendre pourquoi, en moins de six mois, je suis passé... *des étoiles à la décharge !*

Incontro dopo incontro, lacrima dopo lacrima e riflessione dopo riflessione, la mia terapeuta pronuncia un giorno la parola (magica) sulla quale concentrerò i miei interessi per la psicologia e per il funzionamento della mente umana negli anni a venire: **overthinking**.

Rencontre après rencontre, larme après larme et réflexion après réflexion, mon thérapeute prononça un jour le mot (magique) sur lequel j'allais concentrer mon intérêt pour la psychologie et le fonctionnement de l'esprit humain dans les années à venir : **overthinking.**

Je me souviens qu'avant même de traduire le terme en question de l'anglais vers ma langue maternelle, l'image d'un cerveau aux dimensions gigantesques, entouré d'engrenages, de leviers et de câbles électriques, s'était déjà glissée dans ma tête. Bref, une énorme machine à penser qui, si elle permet dans certains cas de comprendre la réalité extérieure de manière plus vraie, plus émotionnelle et plus profonde, risque aussi de se transformer en ennemi avec un grand E.

Je ne vous cache pas, lecteur, qu'en remontant dans ma mémoire, je ressens une douleur désagréable dans la poitrine. Et ce, pour deux raisons : d'une part, parce que je ne me reconnais plus dans la description du jeune *surpenseur* à la recherche de lui-même dans les rues animées d'un Milan bruineux, et d'autre part, parce que se mettre à nu entre les pages d'un manuel est un beau petit métier... *archéologique*. Il faut trouver la force de creuser en soi, de se salir les mains et de ne partager avec le public que les pépites d'or et les richesses les plus désirables d'une longue, très longue expérience de fouille. *Une expérience de fouille qui coïncide avec la vie réelle.*

J'ai décidé de vous raconter un court fragment de mon passé avec l'intention **A)** de réaffirmer que le changement intérieur est toujours possible. Dans un monde qui court plus vite que ses habitants, nous avons le droit (et le devoir) de ralentir le rythme de l'esprit pour mener une existence de bonheur, de bien-être psychophysique et de ce qui compte vraiment. En outre, **B)** rappelez-vous que vous n'êtes pas seul. Derrière le masque de la célébrité, du succès, de la beauté, de l'agrément, de la richesse et du charisme des personnes que vous rencontrez dans le "monde du dehors", il y a des milliers et des milliers d'individus unis par la peur de ne pas être à la hauteur, de ne pas être assez bons, de ne pas être intelligents, productifs, compétents, talentueux, intelligents, et j'en passe !

Les longues années de thérapie m'ont permis de maîtriser le bavardage de mon esprit. Après un long travail sur la conscience de soi et l'autogestion individuelle, je peux aujourd'hui affirmer que j'utilise le potentiel du cerveau à mon avantage, non seulement sur le lieu de travail, mais aussi dans les domaines des relations interpersonnelles, des émotions, de la créativité et de l'écriture - qui est l'une de mes plus grandes passions, avec la cuisine et le voyage en sac à dos à travers le monde. Pourtant, si j'ai réussi à dompter (presque complètement) le *"taureau fou de l'overthinking"* avec l'aide de mon thérapeute, cela ne veut pas dire que je sous-estime l'ennemi.

C'est pour cette raison que j'ai décidé de me lancer dans un *ouvrage de vulgarisation à la portée de tous* - amateurs de psychologie, habitués des manuels de développement personnel ou néophytes à la recherche de conseils pratiques pour sortir de la spirale. Bien sûr, le chemin est ardu et semé d'embûches. Mais j'espère que mes efforts, et même l*es nôtres*, pourront limiter les dégâts de l'overthinking et de la rumination mentale à court et à long terme.

Arrivé à ce stade, je devine presque les pensées qui vous traversent l'esprit : "Quels sont les symptômes émotionnels et les signes comportementaux d'une personne qui pense trop ? Comment puis-je savoir si je suis moi aussi victime de ce fléau qu'est l'excès de pensée ?

Commençons par les bases.

UNE QUESTION AVEC MILLE RÉPONSES QU'EST-CE QUE LA PENSÉE ?

Cher lecteur, chère lectrice, l'époque dans laquelle nous vivons est dominée par la *raison, la technologie et la logique*. Personne ne doute que l'exercice de la pensée et de l'esprit critiques est une attitude *"généralement bonne"*. Cependant, il est indéniable que des stimuli cognitifs constants ont un impact négatif sur nos performances. De temps en temps, il est préférable de ralentir, voire d'arrêter la boucle d'idées, de doutes, de problèmes et de mantras négatifs qui tourbillonnent dans notre esprit.

Prenons le temps de faire un pas en arrière.

Qu'est-ce que la pensée ?

Les dernières avancées neuroscientifiques nous enseignent une vérité avec un grand V : l'activité de pensée n'est pas une émotion. Les émotions (colère, peur, tristesse, joie, amour, émerveillement, etc.) sont des états psychiques qui s'activent et se désactivent en quelques secondes parce qu'ils sont liés à un changement perçu *en nous ou à l'extérieur* de nous.

Des exemples ?

Une voiture s'approche à toute vitesse ? La peur de se faire écraser nous envahit en une fraction de seconde. Le collègue de travail que nous estimons fait l'éloge du dernier projet réalisé par nous et notre équipe ? Nous ressentons alors de la fierté, de l'épanouissement et de la satisfaction. Ou encore, nos amies nous annoncent qu'elles attendent un bébé ? Feu vert à l'émerveillement et au bonheur !

Contrairement aux états émotionnels momentanés, la pensée est active. *Toujours.*

Pourquoi ?

L'activité cognitive a pour tâche de trouver un compromis entre l'environnement extérieur, le monde intérieur et les interactions interpersonnelles.

Elisabeth Rochat de la Valléè et Claude Larre ont décrit avec précision la dynamique de la pensée : les deux chercheurs se sont appuyés sur des textes médicaux et psychiques chinois (Lingshu et Huang Di Nei Jin So Wen), dans lesquels l'activité de la pensée est définie par le symbole 思. L'expression en question est divisée en deux idéogrammes :

- L'idéogramme **Tian**, représenté par un carré divisé en quatre petits carrés. Utilisé à l'origine dans l'agriculture, il désigne la transformation d'un terrain "sauvage" en une surface divisée en parties égales.

- L'idéogramme **Xin**, utilisé comme représentation visuelle du cœur et de ses particularités.

Donc, selon les neuroscientifiques cités plus haut, là où le Tian renvoie à un espace fermé, logique et organisé, le Xin permet d'imaginer un *environnement libre, fluide et en perpétuel changement.* En d'autres termes, la pensée est un mélange savamment dosé de deux éléments apparemment antithétiques :

- **Tian**: les idées claires, l'organisation, la logique et la stabilité.

- **Xin**: le flux de conscience, le flux, la liberté de transformation, l'expérience de la spontanéité.

Pour résumer, on ne peut dire que la pensée est équilibrée et favorable que dans un état d'équilibre entre Tian et Xin, c'est-à-dire entre l'attitude de stabilité et la capacité de *"lâcher prise" par rapport à ce qui échappe à notre contrôle.*

La question se pose donc : que se passe-t-il lorsque les deux composantes *antithétiques* de la pensée se trouvent en situation de *déséquilibre ?* Lorsque l'élément statique (Tian) l'emporte sur l'élément dynamique (Xin), l'être humain devient la victime (souvent inconsciente) d'une *réflexion excessive,* épuisante et lassante. Nous passons des heures et des heures de notre temps à chercher une réponse (inefficace) à une question (inexistante ou confuse). Nous perdons des moments précieux, *les yeux tournés vers l'avenir et le cœur accroché aux expériences passées.*

Jour après jour, nous essayons en vain de chasser de notre esprit une image, un mot, un regard, un geste, un son ou un commentaire qui nous hante.

La *rumination* se décline en trois catégories de symptômes invalidants :

- **Délire de contrôle :** le *penseur sériel* est animé par le besoin illusoire de contrôler les événements quotidiens à 360 degrés. Souvent, le *penseur sériel* se concentre sur les **problèmes actuels** : personnalités, relations, engagements professionnels et circonstances qui échappent à sa responsabilité. Il remet également en question la validité des relations, la justesse des décisions prises et les attitudes individuelles au sein de son cercle social.

- **Le retour sur le passé**. Les ressentiments et les regrets convergent dans une catégorie de pensées très commune chez ceux qui souffrent de culpabilité ou ceux qui, au contraire, rêvent d'un autre parcours d'études, de vie et de réussite professionnelle.

- **Penser trop à l'avenir**, *aka c'est-à-dire s'inquiéter*. Les penseurs sériel ont tendance à surproblématiser les petits et grands défis de l'avenir : il y a ceux qui redoutent l'examen universitaire qu'ils ont raté au semestre précédent ou une tâche professionnelle plus difficile que d'habitude et ceux, d'autre part, qui se posent des questions existentielles à long terme : *"Trouverai-je un jour l'amour de ma vie ?", "Serai-je un jour heureux et satisfait de ma carrière et de ma situation financière ?" ou "Me sentirai-je un jour comblé avant de mourir ?* Les doutes hamlétiques sont potentiellement infinis et finissent par paralyser l'activité de réflexion du penseur excessif.

Je n'ai pas l'intention d'écrire des tonnes de mots sur les aspects dits cliniques de *l'overthinking*. Loin de là. Je voudrais attirer votre attention sur les "effets secondaires" de la rumination mentale à l'aide d'une *métaphore.*

LA MÉTAPHORE DE LA MONTAGNE - COMMENT TROP PENSER RISQUE DE VOUS FAIRE PLUS DE MAL QUE DE BIEN

Imaginez que vous vous trouvez au pied d'une montagne. *Votre objectif ?* Atteindre le sommet, bien sûr. Un hypothétique alpiniste souffrant d'overthinking ne ferait que penser et repenser à l'itinéraire jusqu'au sommet, aux éventuelles mésaventures en chemin, à la qualité de son équipement - "Aurai-je des chaussettes assez épaisses ?" - aux risques d'éboulement et ainsi de suite, dans une boucle sans fin de perplexités et de peurs impossibles à dissoudre avant de... *commencer à marcher !* Vous savez quel est le vrai problème de notre alpiniste qui broie du noir ? Le sommet de la montagne lui paraît lointain, hors de son contrôle et donc *inaccessible*. Pris de panique et persuadé de ne pas être à la hauteur, le randonneur cherche désespérément des raccourcis ou des alternatives secondaires. Pendant ce temps, plongé dans ses pensées, l'alpiniste de cette histoire reste exactement où il est. *Il ne fait même pas le premier des nombreux pas qui le séparent de son but.* Le résultat est double : d'une part, en effet, le protagoniste de la métaphore souffre (lui aussi) de l'échec inévitable vers lequel il se dirige et, d'autre part, il est incapable de se distancier de la situation qui cause sa souffrance paralysante.

La solution existe, et elle est plus intuitive que vous ne le pensez : **faire le premier pas**. Comme le dit Alejandro Jodorowsky : "*Le premier pas ne vous mène pas là où vous voulez être, mais vous éloigne de là où vous êtes".*

Avant même de vous appuyer sur les conseils d'un manuel de croissance individuelle ou sur les suggestions d'un thérapeute pour déverser vos difficultés, je vous invite à faire le *premier pas de votre* ascension très personnelle : vous *familiariser avec l'idée d'abandonner le schéma cognitif de la rumination pour changer en mieux.* Oui, car dans une bonne partie de nos événements existentiels, le fameux point de départ n'est pas un lieu physique, mais un espace de l'âme - ou de la *psyché*, si vous préférez. Avant même de vous demander "Comment me débarrasser de ma confusion mentale ?", posez-vous plutôt la question "Pourquoi est-il important pour moi de me débarrasser de mes pensées excessives ?"

Dans le paragraphe suivant du livre que vous tenez entre les mains, je recommande une liste de (bonnes) raisons qui, je l'espère, vous aideront.

LES CONSÉQUENCES D'UN ESPRIT EN PERPÉTUEL MOUVEMENT

Dans les pages précédentes, je vous ai donné un bref aperçu de ma vie pour vous montrer comment, si l'on n'y prête pas attention, l'*excès de réflexion conduit à l'*épuisement *physique et psychique* d'un individu (apparemment) en bonne santé.

Les "séquelles" d'un cerveau *trop pensant* sont responsables d'un *certain nombre de* conséquences qu'il ne faut pas sous-estimer. Parmi les principales, on peut citer l'anxiété, les maux de tête, la confusion, les déficits d'attention, les addictions, la dépression, le stress, le sentiment de malaise au contact de ses interlocuteurs, les troubles alimentaires, l'insomnie, le risque de comportements autodestructeurs, l'incapacité à faire face aux obstacles à venir et l'insatisfaction perpétuelle.

Pourtant, vous n'imaginez pas à quel point il est courant de rencontrer des personnes qui sont (presque) fières d'avoir l'esprit perpétuellement *en éveil. On* croit qu'un cerveau engagé dans des activités réflexives *irrépressibles* est brillant, profond ou *occupé*. D'ailleurs, lorsque je demande à mes interlocuteurs s'ils ont déjà essayé (et échoué) de contrôler le bourdonnement de leur esprit, beaucoup refusent d'essayer ou répètent l'importance d'un cerveau "accélérateur".

Je ne suis pas d'accord (pas plus que les neurosciences qui ont proliféré depuis la seconde moitié du 20e siècle) : *trop* penser est un problème. Cela ne nous rend pas plus intelligents, plus mystérieux ou plus créatifs que ceux qui nous entourent. Loin de là. Elle pousse à l'extrême ce sentiment d'insatisfaction pathologique, de stress, de fatigue et de dépression que nous connaissons tous à un moment ou à un autre de notre vie. Ne sous-estimez jamais - et je dis bien *jamais* - une sonnette d'alarme concernant notre santé.

Il y a un autre aspect : *trop penser* paralyse la capacité à résoudre les problèmes *(résolution de problèmes*). Cette dernière est la compétence la plus demandée dans les entreprises. La personne qui réfléchit trop n'arrive pas à donner le meilleur d'elle-même parce qu'elle a tendance à épuiser l'énergie cognitive de son esprit avant d'arriver à un résultat. En bref, c'est une erreur de croire qu'un esprit (sur)actif est aussi un esprit fonctionnel. Dans *de nombreux cas, c'est même tout le contraire.*

Dans *The Subtle Art of Doing Whatever the (bleep) You Want* de Mark Manson - un manuel à mi-chemin entre le cynisme et la motivation - l'auteur écrit : "Votre cerveau possède une bizarrerie insidieuse qui, si vous la laissez faire, peut absolument vous époustoufler. Dites-moi si cela vous semble familier : la perspective de devoir affronter quelqu'un vous angoisse. Cette anxiété vous paralyse et vous commencez à vous demander pourquoi elle est si forte. Vous commencez alors à vous inquiéter de votre anxiété. Mais non ! Double anxiété ! Vous êtes maintenant anxieux à propos de votre anxiété, ce qui vous rend encore plus anxieux [...] Ou vous vous inquiétez tellement de faire ce qu'il faut tout le temps que vous commencez à vous inquiéter de la quantité d'inquiétude que vous avez. Ou vous vous sentez tellement coupable de chaque erreur que vous commencez à vous sentir coupable de la culpabilité que vous ressentez. Ou vous vous sentez triste et seul si souvent que le simple fait d'y penser vous fait vous sentir encore plus triste et seul.

Dans une boucle apparemment impossible d'émotions négatives, le temps est venu de *nous activer* et de faire taire le bavardage tourbillonnant et ennuyeux de nos têtes (trop) remplies d'informations.

Comment ?

Je l'expliquerai dans le chapitre suivant.

CHAPITRE 2

LE BONHEUR, C'EST MAINTENANT ! 5 STRATÉGIES PRATIQUES POUR ARRÊTER DE TROP PENSER

Je ne sais pas ce qu'il en est pour vous, mais personnellement, j'ai toujours trouvé fascinante la capacité d'influencer consciemment l'esprit. De le contrôler. L'autonomiser au point d'améliorer nos performances et d'atteindre nos objectifs.

Mais il y a un hic.

Lors de la première séance de thérapie, je me souviens m'être exclamé avec scepticisme : "Je ne peux pas arrêter mon esprit - c'est *moi !". À première vue,* en effet, *contrôler l'esprit est* une compétence réservée aux philosophes barbus, aux moines tibétains, aux sportifs de *l'extrême* ou aux mentalistes de cabaret rompus à l'art de l'observation, de l'intuition et du *sixième sens.* Et comme, selon toute vraisemblance, aucun de mes lecteurs n'appartient à ces catégories, il est naturel de se demander *s'il est* possible d'arrêter le travail incessant d'un cerveau en constante activité, et si oui, *comment.*

Tout d'abord, il convient de faire une première distinction : l'être humain est capable de faire la différence entre l'*Ego* et son *propre esprit.* Non seulement nous avons deux termes différents dans notre vocabulaire, mais chacun d'entre nous perçoit également une fracture, un *fossé* ou un conflit entre la conscience (l'Ego) et les pensées obsessionnelles et intrusives d'un cerveau *trop pensant.* En d'autres termes, ce que j'essaie de vous faire comprendre, c'est que *toute activité de pensée* peut être réduite au silence, à l'impuissance et - dans certains cas - inhibée. Pour y parvenir, il n'est pas nécessaire de s'appuyer sur des années de méditation transcendantale ou sur des psychotropes anesthésiants. Pensez-y : quand avez-vous fait *taire pour la* dernière fois le bourdonnement de vos pensées récurrentes ? Peut-être en regardant le dernier épisode de votre série télévisée préférée sur Netflix, ou peut-être en admirant un coucher de soleil aux couleurs estivales vibrantes en compagnie de votre moitié. Ou peut-être êtes-vous en mesure de "débrancher", au moins pour un temps, en vous adonnant à un hobby et/ou à une activité stimulante : peindre votre premier portrait, cuisiner une nouvelle recette ou coudre un trou dans vos chaussettes, etc. etc. *Les exemples sont potentiellement infinis.*

Et savez-vous pourquoi ?

Les épisodes mentionnés ci-dessus permettent d'accéder à l'**état de** *flow* - littéralement *flux*. Au-delà des informations contenues dans les manuels, les documentaires et les articles scientifiques que l'on trouve dans la *mer magnum du* Web, il faut savoir que l'*état de flow* se caractérise par trois facteurs primordiaux : **A)** une attention concentrée sur *une seule* activité, **B)** le plaisir ou la prédisposition à réaliser une action et, enfin, **C)** un équilibre optimal entre la facilité et la difficulté du "passe-temps" ou du travail à accomplir.

Je suppose que vous êtes encore un peu confus : comment trouver vos activités de flux ? Et pourquoi *les distractions ont-elles* le super-pouvoir de faire taire le bavardage de l'esprit ?

Pour le savoir, laissez-moi vous emmener à la découverte du mécanisme cérébral à l'origine de... la *paranoïa ! Les* informations contenues dans les pages suivantes sont un peu *techniques,* mais elles vous permettront de clarifier comment, quand et pourquoi vous vous sentez victime d'une rumination obsessionnelle. Lisez-les lentement, sans vous précipiter. En fin de chapitre, vous trouverez une liste de cinq exercices qui vous aideront à agir sur la rumination cérébrale de manière pratique, concrète et tangible.

Bonne lecture !

UN COUP D'ŒIL DANS L'ESPRIT HUMAIN POUR DÉCOUVRIR LES NEURONES, L'ÉNERGIE PSYCHIQUE (ET D'AUTRES CHOSES)

Commençons par le début. Les *activités de flux* - c'est-à-dire ces bribes de la vie quotidienne au cours desquelles notre attention se concentre entièrement sur la *chose qui nous* intéresse, faisant taire les pensées obsessionnelles de l'esprit - ne sont pas seulement des *sources de distraction*. *Non, monsieur.*

Vous ne me croyez pas ?

Eh bien, suivez-moi dans mon raisonnement *pas à pas : il* ne fait aucun doute que la paranoïa, les mantras négatifs et les idées obsessionnelles d'un *overthinker* sont responsables d'une forme spécifique de *mal-être*. Dans le chapitre précédent, vous avez découvert quelques-uns des symptômes à court et à long terme d'un esprit qui... ne prend jamais de vacances bien méritées ! Si vous êtes un individu intelligent - et vous l'êtes, puisque vous avez acheté ce manuel dans l'intention de vous améliorer et de sortir de l'ornière - vous aurez deviné que vos ruminations incessantes *font plus de mal que de bien.*

En outre, la **souffrance psychique** présente des caractéristiques qui la rendent très différente de la **douleur corporelle**. Cependant, les deux malaises se rejoignent par une augmentation exponentielle de la *contraction musculaire*. Cette dernière résulte d'une tension accrue dans une zone limitée du corps. Ce phénomène touche aussi bien les cellules de nos membres inférieurs ou supérieurs, appareils et tissus, que les cellules cérébrales (neurones) situées dans le cerveau. Et si vous vous demandez pourquoi un système *apparemment* parfait - *lire : le corps humain* - se comporte de manière aussi insensée, rappelez-vous que l'*augmentation de la tension est à la* base de l'**instinct de survie** car elle est perçue (aussi) sous la forme de la *peur* et d'un appel à frapper et/ou à se sauver. Lorsque nos ancêtres préhistoriques fuyaient à toutes jambes les mâchoires d'un prédateur affamé, ils ne faisaient que réagir à la décharge provoquée par le cerveau. L'essayiste italien Giulio Cesare Giacobbe écrit : "L'état de tension électrique cellulaire dérive donc de l'activation de notre système d'alarme naturel, qui a pour but d'assurer notre survie et qui entre donc en action dès que nous semblons percevoir un danger pour notre sécurité". Des siècles plus tard, même si nous évitons aujourd'hui les dangers de la nature sauvage, le *cerveau humain* reproduit les systèmes d'activation du passé : c'est lui qui, de manière totalement imprévisible, détermine *ce qui constitue un danger* pour nous. Sans oublier que, de temps en temps, notre esprit voit des menaces mortelles dans des situations tout à fait inoffensives, alors qu'il traite avec trop de légèreté des événements potentiellement dangereux.

L'idée est précisément la suivante : au moment où le cerveau s'active et atteint le sommet de sa contraction, il n'y a plus d'excuse qui tienne. Nous pourrions tout aussi bien être en sécurité dans notre salon, avec un rottweiler de soixante-douze kilos à nos pieds, en tenant un bon livre jaune dans nos mains ou en mangeant une pizza et un paquet de frites grasses. Bien qu'il n'y ait pas de risque réel pour nous ou nos proches, l'esprit se met en état **d'alerte** et nous fait bondir de notre siège, le cœur battant la chamade. Et c'est à partir de ce moment que, ne maîtrisant plus le flot de pensées et d'inquiétudes qui galopent dans notre esprit, nous retombons dans un processus de *surréflexion* épuisant.

La rumination *ne* prend fin *que* lorsque nous atteignons l'épuisement de cette énergie causée par l'augmentation de la tension. En résumé, lorsque nous nous couchons le soir, fatigués et épuisés, et que nous nous enfonçons sous les couvertures, nous devons espérer au fond de nous que *nous sommes tellement déchargés* que nous plongerons dans le pays des rêves en un temps record.

Comprenez-vous maintenant pourquoi un cerveau (sur)actif n'est en aucun cas synonyme de productivité, d'intelligence et de créativité, mais plus simplement de *dysfonctionnement ?*

Je vous demande maintenant de respirer profondément avant de prêter toute votre attention aux informations que je m'apprête à partager avec vous, car elles représentent le cœur de ma thèse. Si vous vous sentez fatigué, distrait ou démotivé, fermez les pages de mon manuel et revenez ici plus tard.

Imaginez une scène de la *vie quotidienne* : vous allez au bureau, vous travaillez dur, vous terminez quelques projets urgents et vous travaillez dur pour obtenir des résultats optimaux de plus de 110. Votre objectif est inscrit en lettres capitales dans votre esprit : "impressionner" le nouveau directeur de l'entreprise dans l'espoir d'obtenir une promotion d'ici la fin du mois. Or, après une journée infernale, vous découvrez qu'un collègue odieux - un insupportable *je-sais-tout* qui aime vous mettre des bâtons dans les roues - s'est attribué le mérite de *votre* présentation, sous les applaudissements et les félicitations de tout le bureau (directeur compris). Vous ne pouvez pas prouver que vous êtes le *père de l'*idée gagnante et vous restez dans votre coin.

Essayons de comprendre ce qui se passe dans l'esprit humain dans la situation décrite ci-dessus. Tout d'abord, **A)** le protagoniste de cette histoire reconnaît qu'il ne peut pas agir. La situation dans laquelle il se trouve est dominée par la **passivité**. Il doit donc accepter que son collègue se moque de son travail. Deuxièmement, **B)** il est presque certain que l'injustice subie provoquera un **pic de tension émotionnelle**, ou de contraction, chez la victime. Cette dernière est fréquemment associée à des émotions désagréables *(colère, haine, frustration, déception, envie et impuissance).* Enfin, **C)** l'employé de l'histoire ayant compris qu'il n'a aucune chance d'agir dans la *vie réelle,* il reprendra vraisemblablement le chemin du retour, bercé par l'illusion d'une vengeance imaginaire. En cinq minutes de rêverie, l'employé-modèle évacue son trop-plein de tension en *écrivant, tournant et portant sur l'écran de son cerveau* un film digne du Festival de Cannes. L'expédient en question permet non seulement de rétablir l'équilibre psychophysique d'une manière socialement acceptable, mais aussi de comprendre la règle d'or de la surpensée et ses déclinaisons :

la pensée est avant tout un substitut à l'action.

En d'autres termes, l'**activité cognitive** est la simulation d'**une activité pratique**, physique, avec des résultats tangibles.

En résumé : dans une situation où le niveau de stress - perçu sous forme d'inconfort - dépasse la *"limite de garde"* tolérable, il y a un *relâchement de la tension* qui prend la forme d'une survie et d'une préservation du bien-être individuel. Pour y parvenir, nous sommes automatiquement prédisposés à éradiquer la décharge désagréable en simulant par la pensée une situation *gratifiante.*

Si nous pouvions soulever la calotte et jeter un coup d'œil dans notre tête, nous découvririons que, physiologiquement, nous passons d'une horde de **neurotransmetteurs surrénaux** - qui provoquent l'anxiété, la colère et la frustration - à une vague de **neurotransmetteurs noradrénaux,** qui sont responsables d'un état de relaxation et d'apaisement. Le phénomène en question est connu sous le nom d'**homéostasie,** et il régule non seulement les réponses émotionnelles d'un employé aux prises avec un collègue obstiné, mais aussi la grande majorité des systèmes du corps humain, des animaux et de la nature elle-même. *L'objectif ?* Appuyer sur le bouton "*reset*" pour rétablir l'équilibre physiologique d'un être vivant afin **A)** d'augmenter les chances de survie et **B)** de respecter la dynamique énergétique des organismes simples et complexes.

En bref, sans trop s'étendre, la pensée remplit une *fonction défensive* contre les agressions physiques et émotionnelles de l'environnement (de la nature sauvage des Néandertaliens aux bureaux d'un espace de co-working moderne).

Je vous demande encore cinq minutes d'attention, car nous nous rapprochons de la compréhension de la dynamique inhérente à la rumination mentale. En tant qu'êtres humains, *grands ou petits, blonds ou bruns, étudiants ou travailleurs, fans de basket-ball ou de Formule 1,* nous avons tous - sans exception - un **mécanisme de résolution de problèmes** implanté dans notre esprit.

Ce dernier permet de résoudre des problèmes externes en anticipant et en simulant des actions de résolution par la pensée.

C'est un peu comme avoir un interrupteur ou une bascule pour allumer et éteindre - *clic clac !*

Un exemple ?

Start : le réfrigérateur a cessé de fonctionner

Anticipation de la solution : "Je pourrais appeler le technicien, ou m'en occuper moi-même...".

Exécution : "Non, je vais appeler la société qui m'a vendu le réfrigérateur... Je risque seulement d'aggraver la situation !

Ou encore :

Start : la date d'un examen universitaire approche inexorablement.

Anticipation de la solution : "Hum, je suis censé terminer la rédaction de ma thèse, revoir les résumés et terminer le travail de groupe qui m'a été assigné pour un crédit supplémentaire... Comment puis-je faire tout cela ? Je n'ai pas le temps..."

Exécution : "Nous pourrions commencer par l'examen. Je vais également envoyer un message à mes collègues de l'étude pour fixer la date de notre prochaine réunion !"

En bref, lorsque le stimulus se produit, nous utilisons l'activité cognitive pour évaluer *comment et quand* intervenir... avant de répondre physiquement à l'information provenant du "monde extérieur".

Pourtant, tous les systèmes *apparemment* infaillibles comportent une faille - ce que nous pourrions appeler une erreur de conception. Notre mécanisme de *résolution des problèmes* ne s'avère efficace que si les actions anticipées par la pensée sont *mises en œuvre*, se transformant ainsi en **réponses réelles**.

En d'autres termes, pour libérer les *tensions accumulées* au cours des aventures de la vie quotidienne, il est essentiel que la réflexion laisse place à l'action. Ce n'est qu'ainsi, petit à petit, que nous parviendrons à l'équilibre homéostatique susmentionné, responsable du bien-être.

Donc, pour résumer :

- La pensée qui ne donne pas lieu à une action est responsable de l'overthinking. Par exemple : "*Je n'ai pas envie d'appeler le technicien/de commencer à étudier, j'y penserai demain... Je suis un vrai raté, je n'arrive même pas à accomplir ces tâches insignifiantes. C'est peut-être de ma faute, parce que...*" et ainsi de suite, dans une boucle de réflexions en chaîne.

- En revanche, la pensée qui donne lieu à l'action est saine et homéostatique.

Cher lecteur, je vous demande : combien de fois traduisez-vous vos pensées en activités concrètes, pratiques, visant à résoudre des problèmes ? Combien de fois, au contraire, restez-vous embourbé dans les sables mouvants d'actions imaginaires que vous n'avez pas *réalisées*, que *vous ne réalisez pas* et que vous ne *pourrez jamais* réaliser ? En d'autres termes, "vous pouvez facilement voir que la plupart de vos pensées sont orientées vers l'accomplissement de leur fonction primitive de contenir la tension en simulant des actions imaginaires comme substituts d'actions réelles qui n'ont pas été réalisées, plutôt que vers la résolution, par des actions réelles, de problèmes réels".

Aussi inconfortable que cela soit à admettre - d'abord et avant tout devant nous-mêmes, juges impartiaux de nos propres fragilités - *souffrir des effets de l'overthinking*, c'est "bloquer" le mécanisme de résolution des problèmes. Nous l'utilisons à mauvais escient pour tenter de résoudre des problèmes tout aussi imaginaires avec des solutions imaginaires.

Pouvez-vous deviner l'ennemi numéro un d'un individu titulaire d'un diplôme (honorifique) en rumination et paranoïa ?

C'est vrai, **l'absence d'action**.

En l'absence de toute activité concrète - c'est-à-dire d'une réponse comportementale *physique* à des stimuli externes - notre *philosophe en herbe se* posera des questions en *boucle* sur des sujets inexistants, des questions irréelles et des réseaux de pensée complexes qui sont potentiellement infinis.

La raison ?

Un problème imaginaire ne peut être résolu, même par l'action, car il n'existe tout simplement pas.

La tension désagréable liée à un *problème fantasmé* n'est pas déchargée et éliminée de manière appropriée, car **aucune** solution concrète **ne peut être** trouvée à la source (imaginaire) de mécontentement implantée en nous.

Bref, il s'agit de rappeler une *vérité avec un grand V,* aussi banale que cathartique :

le monde de la réalité est réel, le monde de l'esprit est imaginatif et imaginatif.

Pour observer et analyser la *réalité authentique* sans "paranoïa", il est donc important de développer un certain contrôle sur notre cerveau et ses pensées labyrinthiques et énigmatiques.

Et ne croyez pas que la *manipulation de l'esprit soit l'*apanage du Bouddha.

Pour se débarrasser des pensées excessives, il faut procéder étape par étape.

Prenez une feuille de papier et écrivez, dans l'ordre :

- **Objectif n° 1** : *Cessez de déformer la réalité.* Cela n'en vaut pas la peine !

- **Objectif n° 2** : *Cessez de vous immerger dans le monde imaginaire de l'esprit au point* d'oublier qu'il existe une vérité plus authentique, plus objective et plus tangible. Concentrez-vous sur les détails et *passez à l'action*.

- **Objectif numéro 3** : *arrêtez de prendre vos créations fantastiques pour de vrais problèmes.* Elles vous font souffrir (et pour rien).

En bref, vous avez à votre disposition *"trois arrêts"* qui vous permettront d'arrêter la boucle négative de la rumination mentale, en redécouvrant à l'intérieur et à l'extérieur de vous-même la meilleure façon de canaliser l'énergie de l'esprit et de surmonter les petits-grands obstacles de la réalité *(la vraie !).*

DE LA THÉORIE À LA PRATIQUE !

Après cette longue *explication* théorique du fonctionnement de l'esprit humain, je suppose que vous voulez passer à la pratique.

C'est un *leitmotiv* récurrent : agir*, agir et agir* !

Par où commencer ?

Vous trouverez ci-dessous une liste de cinq activités de *prévention de la paranoïa* qui vous permettront à la fois d'affaiblir votre lien (néfaste) avec la réalité imaginative et d'utiliser au mieux vos mécanismes mentaux.

#1 –ÉCRIRE, ÉCRIRE ET ENCORE ÉCRIRE - MAIS SANS LA PRÉTENTION DE GAGNER UN PRIX NOBEL DE LITTÉRATURE

De temps en temps, le cerveau agit comme un *singe devenu fou.* Les mots se mélangent, se chevauchent et s'entrelacent dans notre esprit. Ils nous laissent hébétés et confus. Alors, en vous rappelant que la réflexion excessive est neutralisée par l'action, asseyez-vous à votre bureau, prenez une feuille de papier et un stylo et... *écrivez* !

"Mais je ne suis pas écrivain... Je ne sais pas comment faire ! - protesterez-vous.

Vous voyez, ce n'est pas grave. Écrivez sur un coup de tête, sans quitter des yeux la pointe de votre BIC. Tracez des lettres, des mots et des phrases sans vous soucier de la ponctuation, des synonymes, des antonymes et du temps des verbes. Ne vous creusez pas les méninges pour concocter une histoire pleine de rebondissements, ou peut-être pour composer une page de journal intime pertinente, en "petits caractères". Ne vous inquiétez de rien. Prenez cinq minutes de votre temps pour *crier* noir sur blanc le chaos qui s'est installé dans votre tête, vous empêchant de mener à bien les autres *micro-tâches* de la journée. Et même si vous obtenez une liste insignifiante de mots jetés en vrac sur la page, estimez-vous satisfait. Personne ne lira jamais vos "*confessions d'un penseur excessif*". Et si l'idée qu'une pincée de votre monde intérieur puisse se retrouver par inadvertance entre de mauvaises mains vous dérange encore, arrachez le papier de votre carnet, jetez-le à la poubelle (ou brûlez-le, mais ne mettez pas le feu, attention...) et reprenez votre vie *insouciante*.

Il s'agit précisément de se débarrasser du poids d'une idée que l'on n'arrive pas à concrétiser, afin de reprendre la journée de manière sereine et épanouie. Selon nos cousins américains, l'écriture permet d'atteindre un état de paix mentale et de relaxation - ce que l'on appelle souvent le "*stillness*".

Essayez-le pour le croire !

#2 –OÙ SUIS-JE ? ICI ET MAINTENANT !

Un homme nommé *Fritz Pearls* - le fondateur et le père de la *psychologie Gestalt* - avait l'habitude de demander aux patients qui venaient dans son cabinet *: "Que ressentez-vous ? Que ressentez-vous en ce moment ?* Cette question n'avait pas pour but d'étudier les émotions de ses interlocuteurs, mais plutôt leurs **sensations corporelles**, pratiques et physiques.

Un exemple ?

Alors que je m'apprête à rédiger le manuel que je tiens dans mes mains, assis devant mon fidèle ordinateur portable, je ressens un léger picotement dans mon genou gauche et un picotement distinct dans le dos de ma main droite. Ou encore, je sens ma respiration, le bout de mes doigts qui appuient sur le clavier et une brise fraîche derrière mon oreille. Il est probable que je n'ai pas fermé la fenêtre de la cuisine. Bref, j'*entends*. J'entends le bavardage de mes voisins, la publicité d'une télévision allumée au loin et le bruit de la circulation dans la rue. J'entends bien plus encore : le contact de mes pieds sur le parquet chaud, le "*vrooom*" du ventilateur de l'ordinateur et une clé qui tourne dans une serrure située hors de mon champ de vision, peut-être au deuxième ou au troisième étage de l'immeuble.

L'exercice imaginatif de l'*ici-et-maintenant a le pouvoir de nous* ramener au présent ; il nous permet de rétablir un lien humain, libérateur et empathique avec notre corps et les sensations internes et externes qui nous entourent. Je vous invite à en faire l'expérience : la prochaine fois que vous vous rendrez compte que vous "pensez de façon incontrôlée", c'est-à-dire que vous êtes emporté par le courant impétueux de la pensée excessive, arrêtez l'action que vous êtes en train d'accomplir, fermez les yeux pendant quelques secondes et concentrez-vous sur vos *perceptions corporelles*.

Au fil du temps, pratique après pratique, vous développerez un superpouvoir simple (mais essentiel) : vous serez capable de transformer votre corps en une *ancre de* vie à jeter par-dessus bord chaque fois que la tempête de la rumination mentale menace de vous éloigner du port sûr du bonheur, du bien-être et de l'instant présent.

#3 –ENTREZ DANS LA PEAU D'UN... JUGE !

Carl Gustav Jung - un esprit brillant et *polyvalent* qui, au cours du XXe siècle, s'est consacré à la recherche scientifique dans les domaines les plus divers de la connaissance : de la psychiatrie à la psychanalyse, en passant par la philosophie et l'anthropologie - pensait que la **faculté de jugement** inhérente à l'esprit humain était une *clé universelle qui permettait* d'accéder à la porte du monde intérieur.

Je sais, je sais. Notre société contemporaine ne voit pas d'un bon œil les personnes qui, pour une raison ou une autre, portent un jugement sur *quelqu'un* ou *quelque chose*. Pourtant, il existe une forme de jugement sui generis qui nous permet non seulement d'exercer notre liberté d'expression, mais aussi de "*faire le ménage*" dans un esprit dominé par le chaos.

Pour redécouvrir l'importance de nos idées, concentrez-vous sur une situation personnelle ou collective - ou peut-être sur une personne de votre entourage que vous aimez ou n'aimez pas (vous vous souvenez du collègue de travail *je-sais-tout de* l'exemple précédent ? Voilà une cible parfaite !) - et... mettez-la à l'*épreuve !* Sans culpabilité et sans retenue. Après tout, le jugement est inoffensif, il fait partie de la nature humaine et ne nuit pas à ceux qui vous entourent - tant qu'il reste entre vous et vous.

Après vous être amusé à réfléchir à *x* ou *y*, efforcez-vous de ne pas trouver de justification à vos croyances personnelles. *Interrompez le flux de la pensée*. Ne fournissez pas d'explications, de preuves ou de données pour étayer votre opinion. Cette expérience, si vous la faites quotidiennement, vous permettra de comprendre comment gérer vos pensées les plus intimes sans glisser dans la boucle de la rumination. En d'autres termes, **A)** vous simulerez volontairement une situation potentiellement optimale en termes de réflexion excessive et **B)** vous comprendrez comment faire taire les questions, les doutes et les perplexités qui tentent de monopoliser votre esprit.

Répétez le processus : *jugez quelqu'un ou quelque chose, arrêtez le flux de pensées et vivez en paix !*

#4 –CRÉATIVITÉ = SÉRÉNITÉ

Un esprit créatif est un esprit élastique. En outre, plus vos facultés cognitives sont *souples*, plus vous avez de chances d'éviter les insécurités, les doutes et les pensées labyrinthiques qui ne mènent jamais à destination. Pour être complet, je tiens à préciser qu'un *esprit créatif* ne produit pas une *totalité d'*idées absurdes, illogiques ou irrationnelles au cours d'une journée. Loin de là. Les personnes dotées d'une *pensée latérale* bien développée sont capables d'observer la réalité sous des angles nouveaux et stimulants. De temps en temps, les chemins non conventionnels s'avèrent être une alternative valable dans les situations où les sables mouvants de la "surpensée" vous empêchent de trouver des solutions, d'agir, d'envoyer un message, de signer une lettre de licenciement, de réserver un billet d'avion aller simple, et j'en passe...

Pour entraîner votre pensée créative (et non obsessionnelle), essayez de regarder autour de vous comme si vous étiez un nouveau-né, le cœur rempli d'émerveillement. Imaginez que les objets qui vous entourent ont une couleur différente *(laquelle ?)* ou font un son différent *(pourquoi ?)*. Là encore, laissez libre cours à votre imagination et rêvez d'être petit-petit ou grand-grand. Comment votre perspective changerait si vous étiez un gnome ou un géant. Continuez à parcourir le monde en long et en large pendant au moins cinq minutes, en explorant la réalité folle et quelque peu loufoque que vous projetez dans votre esprit.

Vous vous rendrez compte que la vraie difficulté réside dans la capacité à tenir à distance les pensées de l'esprit logique et rationnel : *"Allez ! Tu ne vois pas que c'est n'importe quoi ?"*. En apprenant à mettre en sourdine les critiques de votre partie consciente, vous pourrez également mettre en sourdine les boucles négatives qui bourdonnent dans votre tête lors d'un "*épisode de rumination*" particulièrement fatigant et invalidant.

#5 –NE TOURNONS PAS EN ROND ! LE SECRET POUR ARRÊTER DE RUMINER EST...

Nous concluons notre chapitre (difficile) sur l'overthinking et la tendance à l'overthinking par un *exercice qui n'en est pas un.* Une activité intermédiaire qui s'appuie sur votre désir de changer pour le mieux. Oui, car le seul remède efficace à 100 % contre les montagnes russes des pensées intrusives est -

roulement de tambour - la *volonté*. Cette dernière est une forme d'énergie : vous pouvez la faire taire dans votre esprit ou la diriger là où cela vous convient. Personnellement, je vous conseille d'en faire un remède *contre la paranoïa* que vous pourrez utiliser à chaque instant de votre vie quotidienne. Comment ? En vous entraînant à ce que le Bouddha appellerait une forme de présence mentale. J'aime l'appeler la *pleine conscience*. À partir du moment où vous utilisez votre volonté et décidez de vous concentrer sur les actions que vous faites et sur les choses qui vous entourent, vous découvrirez, comme par magie, que la réalité vous procure de la *satisfaction*. La *vraie réalité, et* non celle, imaginaire, dans laquelle vous passez la plupart de vos journées.

Pour réussir, vous devez utiliser *la volonté que vous* avez en vous pour sortir du courant tumultueux de la rivière - dominée par vos pensées - et vous allonger confortablement sur la berge. Soudain, les voix dans votre tête se taisent. Tout devient silencieux. Lorsque vous portez votre attention sur les choses, les personnes et les situations "là-dehors", vous faites enfin partie de la réalité. Vous ouvrez la porte de votre cage mentale, vous sortez du cocon et vous laissez derrière vous la tendance à vivre dans un monde blindé - semblable à une *bulle flottante* autour de vous.

Les pratiques qui activent la volonté et éduquent au silence sont appelées **méditation**. Elles appartiennent à la longue et fascinante tradition de l'Orient, qui n'a été importée que récemment dans le monde occidental et la culture de l'Ancien Monde. Vous vous familiariserez avec les bases conceptuelles et pratiques de la méditation dans les prochaines pages du livre que vous tenez entre les mains.

Pour l'heure, je souhaite vous lancer un défi (parce qu'appeler cela des *devoirs* ressemble à une menace) : au cours des cinq prochains jours, réservez dix minutes de temps pour pratiquer un exercice par jour. Notez vos résultats et vos impressions personnelles sur les pages d'un carnet. Notez les *avantages* et les *inconvénients* de chaque méthode de *prévention de la paranoïa* et abordez cette expérience sans attentes ni conditionnements. Elle peut vous aider ou non. Cela n'a pas d'importance. Continuez à expérimenter à tête reposée et essayez de *tenir en laisse la* petite voix intérieure qui vous dit que vous êtes *puéril, stupide, crédule, fou ou un peu déséquilibré* si vous vous fiez vraiment à la validité de ces exercices.

Vous n'êtes pas immature ou dans l'erreur. Vous êtes simplement un être humain en *chair, en os et en (trop) nombreuses pensées,* animé par le désir de se découvrir, de s'améliorer et de se comprendre. Pouvez-vous peut-être vous le reprocher ou vous en faire honte ?

CHAPITRE 3

Dans le cerveau d'un penseur excessif

Mon cher lecteur, ma chère lectrice, dans les chapitres précédents, j'ai pris la peine de *fouiller dans votre tête pour* vous révéler les rouages du mécanisme de résolution des problèmes et vous montrer que toute activité de réflexion, si elle n'est pas suivie d'une action visant à éliminer la tension, risque de devenir un ennemi redoutable dans votre combat très personnel contre l'overthinking. J'espère que mes outils simples de *lutte contre la paranoïa* vous auront redonné confiance et bonne humeur - juste assez pour continuer à lire.

Revenons à nous.

Les idées envahissantes, les problèmes d'imagination et le stress injustifié qui dominent la tête d'un *ruminateur en série* provoquent de l'anxiété, de la confusion, de l'agitation et de la peur.

Pourquoi ?

Pourquoi y a-t-il des pensées qui sèment le chaos et d'autres qui nous laissent... *complètement indifférents ?*

Pour le découvrir, il faut partir à la recherche des origines profondes de notre mal-être. Il faut remonter le courant, prêt à repérer les premiers signes de souffrance psychique ou émotionnelle. En somme, l'éradication définitive du fléau de la rumination mentale passe par une plongée dans les *dynamiques personnelles et interpersonnelles* qui nous font déraper.

À bien y penser, l'esprit humain agit un peu comme un *navigateur satellite* : il nous guide, nous conseille, nous permet d'atteindre nos objectifs en un temps record. Pourtant, de nombreux facteurs internes et externes risquent de court-circuiter notre GPS cérébral et de nous plonger dans un abîme d'*inquiétudes* et de *questions angoissantes.*

Ce qui nous met à l'épreuve, ce sont quelques contextes quotidiens simples dans lesquels nous sommes appelés à prendre des décisions ou dans lesquels - pour une raison ou une autre - nous risquons de faire mauvaise impression, d'échouer, de commettre des faux pas ou d'être ridiculisés.

"Et si je m'installe à l'étranger et que je ne parviens pas à me construire une nouvelle vie en partant de zéro, décevant ainsi les attentes de mes parents ? - pourrait penser M., le stagiaire qui a inspiré la rédaction du manuel que vous tenez entre vos mains.

"Et si je suis le seul de ma classe à échouer à x ou y ? Je n'obtiendrai jamais mon diplôme à temps et j'aurai l'air d'un perdant !".

"Et si je m'inscris dans une salle de sport et que je suis un perdant ? Et si des gens plus entraînés, plus forts et plus compétents que moi se moquent de moi ?"

Regards, jugements, pensées, insécurités et angoisses sociales contribuent à amplifier une boucle de peurs et de fragilités déjà stockées dans notre *bagage personnel*. C'est pourquoi il ne suffit pas de faire taire le bavardage d'un esprit dominé par des pensées intrusives. Il est important de se prendre en main, d'entraîner sa confiance en soi, sa confiance en ses capacités, son aptitude à communiquer et ses chances de se confronter à d'autres personnes - toutes animées par un nombre tout aussi important de *paranoïas.* Car oui, au fond, même le plus beau, le plus intelligent, le plus grand, le plus riche, le plus prospère et le plus charismatique de vos interlocuteurs craint de devoir affronter le jugement, la culpabilité, l'embarras et l'échec paralysant.

Alors, sans plus attendre, passons en revue les compétences indispensables que vous devez mettre en œuvre immédiatement pour dire *bye-bye au* singe fou qui fait des ravages et sème le chaos dans votre esprit.

BLAH, BLAH, BLAH ! UN PROBLÈME DE COMMUNICATION...

> *"La façon dont nous communiquons avec les autres et avec nous-mêmes détermine la qualité de notre vie."*
>
> Anthony Robbins

Cela peut vous surprendre, mais pour améliorer votre communication interpersonnelle et entrer en relation avec vos interlocuteurs sans "paranoïa" dans votre tête, vous ne devez pas apprendre... *mais désapprendre !* Il ne faut pas ajouter, mais enlever. Vous ne devez pas suivre l'exemple des autres, mais éradiquer deux très mauvaises habitudes qui, selon toute vraisemblance, sont à l'origine de stress relationnel et d'attentes irréalistes. En bref, vous devez effectuer un *travail de nettoyage* pour aborder la communication, quelle qu'elle soit - celle que vous utilisez lors d'un entretien d'embauche ou celle qui vous permet d'"impressionner" un groupe d'inconnus rencontrés lors d'une soirée - de manière gagnante.

Alors, alors...

Point numéro 1 : *ne vous laissez pas berner par l'illusion d'avoir toujours raison. En vous* accrochant *bec et ongles à* votre opinion dans l'espoir de ne pas paraître stupide ou ignorant, vos paroles et vos actions auront moins d'impact. La prochaine fois que vous entrerez dans la boucle de la rumination, rappelez-vous qu'il y a sept milliards de personnes dans le monde qui sont convaincues de détenir la vérité dans leur poche... *tout comme vous* !

Le fait est qu'il n'y a pas de vérité unique, *de* vérité avec l'article déterminant. Les relations humaines se développent dans le sens de perspectives multiples en corrélation les unes avec les autres.

Apprenez donc à remplacer la peur de vous tromper et de ne pas être à votre place par le désir (spontané) de vous mettre dans la peau de vos interlocuteurs pour comprendre les motivations sous-jacentes des croyances et des points de vue qui diffèrent des vôtres. Non seulement vous enrichirez votre bagage humain, mais vous pourrez aussi déplacer le regard de l'*intérieur de votre psyché* - dominée par des pensées intrusives - vers l'*extérieur*.

L'aspect en question est inextricablement lié au point numéro 2 : *cesser de rechercher l'approbation des autres à tout prix.* Le besoin d'être accepté par les autres est *inné,* car il est inextricablement lié au besoin de se sentir appartenir à un groupe. Cependant, lorsque nous devenons *dépendants* du jugement d'autrui et que nous poussons ses implications pratiques à l'extrême, nous nous retrouvons à exprimer des concepts ou à accomplir des actions qui ne nous appartiennent pas ou dans lesquels nous ne nous reconnaissons pas. Le résultat ? Nous influençons négativement la relation avec nos interlocuteurs, en alimentant le doute et la perplexité.

Dans un tel scénario, j'imagine presque les doutes qui vous assaillent *: "Mais comment ?* - me direz-vous. "En cherchant à plaire aux autres, je finis par compromettre ma relation avec moi-même et avec les gens qui m'entourent ?

La réponse est affirmative.

La cause de ce paradoxe apparent se trouve dans le fait qu'en se comportant comme un *caméléon*, on perd sa valeur à ses propres yeux et on alimente la tension psychique dont j'ai parlé dans les chapitres précédents. Vous faites tourner votre cerveau en bourrique et vous vous placez dans une réalité qui n'existe pas, parce qu'elle ne vous appartient pas et ne vous représente pas. De plus, en quémandant l'approbation des personnes qui vous entourent, vous ne vous situez pas sur un plan d'*égalité, mais vous vous placez* à un niveau inférieur. Ce phénomène contribue à amplifier les insécurités et les fragilités de vos pensées intrusives.

En ce moment, vous êtes à la croisée des chemins : vous pouvez soit continuer à ignorer les problèmes relationnels que vous utilisez pour plonger dans l'abîme des pensées excessives, soit reprendre votre vie en main et l'améliorer, étape par étape. Comment ? Je vous propose un deuxième "devoir" : au cours des prochains jours, soyez attentif aux moments de votre routine où vous vous efforcez de faire bonne impression sur les autres ou, à l'inverse, où vous défendez bec et ongles vos opinions de peur de ne pas être à la hauteur de ceux qui vous entourent.

Dès que vous reconnaissez une attitude dysfonctionnelle - c'est-à-dire nuisible à l'équilibre homéostatique de l'esprit - désamorcez l'action et essayez de "lâcher" la *charge émotionnelle* associée à la communication. Cela vaut la peine d'essayer, n'est-ce pas ? Notez les améliorations possibles dans votre carnet et évaluez de temps en temps si vos relations avec vos interlocuteurs sont une source de stress cognitif qui peut être facilement éradiquée de votre vie.

EMPATHIE ET INTUITION DEUX ALLIÉS DANS VOTRE LUTTE CONTRE LA RUMINATION MENTALE

Dérivé du grec *en-pathos* - littéralement "*se sentir à l'intérieur*". L'empathie est la capacité à comprendre et à reconnaître les émotions de nos interlocuteurs. Elle est indissociable du thème de l'intuition et de la communication, car elle met l'accent sur la qualité des relations interpersonnelles qui nous entourent au bureau, à l'école, au supermarché ou dans la file d'attente d'un guichet de banque. Selon l'Encyclopédie Treccani : "(l'empathie) est la capacité de compatir avec le sentiment, en raison d'une consonance ou d'une sympathie profonde entre le sujet et l'objet".

Je suppose que vous êtes encore un peu sceptique.

"Si je ne peux pas mettre de l'ordre dans le chaos de *mon propre* esprit, comment voulez-vous que je me préoccupe des problèmes des *autres* ? - demandez-vous.

Eh bien, procédons étape par étape. Comme nous l'avons rappelé dans les pages précédentes, la base des pensées obsessionnelles est la tendance de l'individu à s'enfermer dans une *bulle d'irréalité* et dans un *monde imaginaire* au sein duquel il est incapable d'agir - *lire : de* relâcher la tension psychique.

La raison se trouve dans notre incapacité fondamentale à comprendre les émotions et le langage de nos interlocuteurs.

En ce sens, sans même nous en rendre compte, nous finissons par déformer la vérité des faits, en nous éloignant de ce que j'ai défini plus haut comme une véritable *réalité* (objective). Vous êtes-vous déjà dit : "Tout le monde me regarde parce qu'on dit certainement du mal de moi", ou "Mes collègues de travail pensent sûrement que je suis le maillon faible de l'équipe", ou encore "Je ne vais pas à la fête parce que je déteste être au centre de l'attention. Je n'aime pas qu'on me méprise..." ? Ces exemples sont de petites paranoïas quotidiennes qui, associées à une émotion négative, peuvent déclencher une spirale de pensées obsessionnelles et intrusives.

Je vous pose la question : qu'ont-ils en commun ?

Je vous laisse quelques secondes pour y réfléchir.

Or, les croyances ci-dessus ne prennent pas en compte les émotions, les pensées et les sentiments des autres individus, mais seulement ceux ressentis par le *sujet*.

Et pourtant, lecteur, le monde ne tourne pas autour de nous ; même les soi-disant VIP projetés sur le petit ou le grand écran pour une émission de télé-réalité ou une série télévisée tombent dans l'oubli quelques mois plus tard.

Alors pourquoi la Terre devrait-elle tourner *égoïstement autour* de nous, *simples mortels* ?

L'overthinker est souvent un individu qui manque d'empathie. Il ne peut même pas imaginer qu'un *regard*, un *sourire* ou un *ricanement* ne représentent pas une moquerie ou une tentative de moquerie, mais sont le résultat d'autres *relations humaines* centrées sur des points de vue complètement différents du sien.

Faute de perspicacité et de capacité à comprendre les émotions des autres, nous finissons par nous isoler. Nous devenons les victimes involontaires d'une forme d'**aliénation sociale** qui alimente le stress, la frustration et la colère réprimée. Pour sortir de l'impasse, je propose quelques exercices qui m'ont été très utiles dans le passé - lorsque je croyais à tort que le "monde extérieur" était un mélange savamment équilibré de dangers, d'échecs et de difficultés interpersonnelles que je devais éviter.

- *Amusez-vous à deviner l'état émotionnel de vos interlocuteurs*. Nous passons la majeure partie de la journée le nez collé à l'écran d'un smartphone ou d'un ordinateur. Nous sommes constamment entourés d'autres personnes - dans les transports en commun et au supermarché avant tout - mais nous agissons comme si nous passions notre existence à l'intérieur de microbulles isolées et autosuffisantes qui se déplacent follement d'un bout à l'autre de la métropole. La prochaine fois que vous en aurez l'occasion, efforcez-vous d'observer les gens autour de vous pour deviner leurs pensées et leur *humeur du moment* : à quoi pensent-ils ? Que ressentent-ils ? Sont-ils trop pensifs, concentrés sur leurs tâches, fatigués, ennuyés, endormis ou peut-être victimes des mêmes *pensées excessives* que vous essayez d'éradiquer de votre vie ? La curiosité à l'égard des autres et de leur monde est la première étape pour passer de votre réalité intérieure, fantastique et imaginative à la réalité extérieure... *pleine d'opportunités infinies de croissance et d'amélioration !*

- Apprenez à écouter avant de parler. C'est un grand classique : les "overthinkers" *avec un grand O commettent* souvent l'erreur de se demander : "Et si j'avais dit quelque chose d'inapproprié ? Pourquoi me suis-je ouvert à cette personne ? Puis-je lui faire confiance ? *Et si, et si ?* L'insécurité responsable des pensées obsessionnelles provient d'une incapacité fondamentale à comprendre les émotions et les pensées de la personne en face de nous. Bien sûr, l'*erreur est humaine*. Nous ne sommes pas des mentalistes ou des Sherlock Holmes *post litteram* capables de lire les intentions de nos interlocuteurs. Cependant, pour limiter le stress de la communication interpersonnelle, nous pouvons essayer de **A)** ralentir le rythme de la conversation. Prendre le temps de réfléchir aux mots et au point de vue des autres nous permettra de comprendre *ce qu'il faut* dire et *pourquoi*. De plus, **B)** nous devrions essayer de nous mettre à la place de quelqu'un d'autre. Pourquoi cette personne pense-t-elle d'une certaine manière ? Quelles sont les émotions qui justifient ses opinions ?

Développer une vision plus large, plus claire et plus objective des relations humaines que nous entretenons avec nos collègues, nos amis, nos partenaires et les membres de notre famille est le joker dont nous avons besoin pour limiter le bavardage dans notre esprit et réduire le nombre (et l'intensité) des paranoïas qui s'installent en nous après avoir fréquenté d'autres personnes. Les avantages de l'empathie ne se limitent pas à ceux mentionnés ci-dessus : la compétence en question aura également un impact positif à long terme, car elle vous permettra de comprendre vos interlocuteurs d'un seul coup d'œil et de réduire les malentendus de communication responsables des pensées intrusives présentes et futures.

DE LA PARANOÏA À LA CONVICTION ! L'IMPORTANCE DE L'AUTO-EFFICACITÉ

"Auto-efficacité ? Il doit y avoir une faute de frappe ! - s'exclame mon éditrice au téléphone, deux jours avant l'approbation et l'impression du livre qu'elle serre dans ses mains.

Non, pas de surveillance !

L'auto-efficacité est la petite sœur de l'estime de soi et va de pair avec la confiance que nous avons en nous-mêmes et en nos capacités. Si vous lisez ces pages, il est fort probable que vous vous sentiez *agité, tendu ou de mauvaise humeur dès qu'*un défi, une opportunité, un nouveau stimulus ou une situation incertaine frappe à la porte de votre esprit. La tension se transforme en pensées négatives, les pensées négatives court-circuitent le mécanisme de *résolution des problèmes* et ainsi de suite, dans un va-et-vient de pensées excessives qui ne s'arrête jamais.

Vous êtes-vous déjà demandé pourquoi une partie de vous a envie de *fuir* chaque fois que vous êtes confronté à une situation difficile ?

La raison est plus intuitive que vous ne le pensez : en tant qu'êtres humains, nous recherchons le plaisir, la détente et le bien-être, et nous évitons les situations potentiellement stressantes, dangereuses ou douloureuses.

C'est pourquoi nous remettons à demain ce que nous pourrions faire aujourd'hui, nous menons notre combat très personnel contre la procrastination, ou nous continuons à rédiger des listes de résolutions du Nouvel An que nous négligeons ponctuellement au bout de quelques jours - *une semaine au plus !*

En effet, les personnes ayant un haut degré d'efficacité personnelle sont capables de transformer le **stress** en **énergie** et la **nervosité** en **concentration afin d**'atteindre leurs objectifs. Et aussi impossible que cela puisse vous paraître, l'auto-efficacité n'est ni un don de la nature, ni une prédisposition innée réservée à un groupe de personnes sélectionnées. Non, monsieur. L'auto-efficacité est avant tout le résultat d'une interprétation différente de l'*environnement* et des *stimuli externes*.

Un exemple ?

Imaginons que nous soyons confrontés à une situation générique : un *délai de travail hyper urgent*. Deux professionnels sont appelés à préparer une présentation d'entreprise en un temps record.

Là où l'employé souffrant de rumination mentale se répétera : "Je n'y arriverai jamais, je suis trop fatigué ! D'ailleurs, ce n'est pas de ma faute si je n'arrive pas à me concentrer... *Mon cerveau ne coopère pas !"*, l'employé doté d'une bonne dose d'*auto-efficacité s'auto-motivera* avec des phrases du style : "J'ai toutes les cartes en main pour prouver ma valeur et fournir un excellent travail ! Bien sûr, je peux faire quelques *erreurs* ou accumuler quelques *gaffes* ici et là, mais l'important est d'acquérir de l'expérience, de me mettre à l'épreuve et de trouver la force d'y arriver, la *tête haute ! Un* oubli ou une erreur ne fera pas la différence... *".*

En d'autres termes, le changement de perspective susmentionné permet de traiter le même *stimulus émotionnel ou physiologique de* deux manières différentes : **la tension psychique accrue** causée par l'imminence de l'échéance. Le deuxième professionnel n'est pas plus capable, habile, intelligent ou compétent que le premier. Il a une plus grande confiance en ses propres *capacités d'adaptation* et est capable de transformer les *ennemis du stress* en *alliés de l'énergie*. Ce qui fait la différence, c'est le **dialogue intérieur**, cette petite voix qui bourdonne à nos oreilles et nous suggère *comment* résoudre les obstacles de la vie quotidienne.

Attention, attention : avant d'aller plus loin, je voudrais rappeler un aspect qui risque de vous faire lever le nez. Être auto-efficace ne signifie pas se sacrifier pour une cause supérieure, quel que soit l'état mental et physique dans lequel nous nous trouvons. La fatigue, l'épuisement et les difficultés personnelles et interpersonnelles ne doivent pas être évités, mais accueillis, interprétés et compris en vue d'une lente amélioration subjective. Ce faisant, *je n'ai pas l'intention de faire de vous un bourreau de travail !* Si un délai de travail n'est pas respectable, prenez le téléphone, parlez-en à votre supérieur et demandez de l'aide à vos collègues. *Prenez soin de vous !*

Revenons à nous.

"C'est très bien, mais comment puis-je entraîner cette auto-efficacité dont vous parlez à partir de rien ? Pour l'instant, je ne sais pas par où commencer !" - demandez-vous.

Je propose un exercice pratique que j'affectionne particulièrement et qui, à mon avis, correspond à toutes - mais vraiment à toutes - les stratégies de pensée dysfonctionnelles des *ruminateurs de TOC.*

Selon le psychologue James Maddux, ce sont les **expériences imaginées qui ont un** impact positif ou négatif sur notre capacité à rétablir l'homéostasie dans des conditions de stress élevé. Ces dernières représentent des occasions de vision mentale dans lesquelles nous fantasmons sur une version de nous-mêmes (dans le futur) capable d'atteindre les objectifs que nous nous sommes fixés.

Ne vous inquiétez pas : je suis tout à fait conscient que certaines tromperies sur soi entrent dans la catégorie des *"techniques de développement personnel"* colportées par des pseudo-experts et *divers* gourous. Pourtant, les études de Maddux ont une validité scientifique et peuvent faire la différence. Pour de vrai. Les Brown, militant et homme politique né aux États-Unis, a dit un jour : "*Visualisez-vous en affrontant vos peurs comme un lion".* Cela fonctionne-t-il vraiment ? Et si oui, pourquoi ? La réponse est oui, à condition que la visualisation suive trois étapes indispensables :

- *Numéro 1 : il doit être orienté vers un objectif.* Vous voulez accomplir une tâche particulièrement exigeante ? Passer un examen ? Affronter une peur de l'avion ? Partir à l'étranger pour réaliser vos rêves ? Quelle que soit la perspective qui vous donne du fil à retordre à ce moment de votre vie, n'oubliez pas d'avoir l'objectif final bien en tête.

- *Numéro 2 : il doit contenir le chemin qui vous permettra d'aller du point A au point B.* Après avoir placé votre *loupe mentale* sur l'objectif que vous poursuivez, réfléchissez aux *micro-actions* qui vous permettront d'y parvenir. Il ne sert à rien de se projeter trop loin dans l'avenir, surtout si vous avez l'intention de révolutionner votre vie de fond en comble. Concentrez-vous sur les mesures à prendre *demain, après-demain* ou à la fin du prochain *week-end.* Soyez pratique et concret.

- *Numéro 3 : Vous devez vous transformer en protagoniste de l'action.* Fermez les yeux et imaginez votre futur moi en train d'effectuer une *à une les* activités mentionnées ci-dessus. Consacrez-vous à cette forme de *visualisation active* pendant au moins cinq minutes, sans céder à la tentation de consulter les notifications de votre smartphone ou d'accueillir d'autres distractions. Si vous ne trouvez pas la motivation et la force mentale pour effectuer la première étape, essayez de fantasmer sur la simplicité et le naturel avec lesquels vous accomplirez la micro-tâche de votre liste

> de choses à faire imaginaire. Enfin, réfléchissez au sentiment d'*accomplissement* et de *satisfaction personnelle que* vous ressentirez après avoir fait de votre mieux, en interrompant la boucle des pensées intrusives et récurrentes qui vous éloignent de la centralité de l'action.

Henry Ford aimait répéter un concept clé : "Que vous pensiez réussir ou non, vous aurez toujours raison". En d'autres termes, le succès et l'échec dans un contexte existentiel donné sont influencés par la perspective de l'individu, sa motivation et sa conscience de pouvoir surmonter (ou non) les obstacles qui se dressent sur sa route.

Gardez mes propos à l'esprit, car dans les prochains chapitres, j'expliquerai comment vous pouvez utiliser la communication, l'empathie et l'auto-efficacité pour vous débarrasser du stress, de la manie du perfectionnisme et de la culpabilité.

Pour l'instant, nous allons nous familiariser avec un autre *ennemi juré* des couveuses DOC.

De quoi s'agit-il ?

À l'anxiété, bien sûr.

CHAPITRE 4
Je pense (trop), donc je suis ! Techniques pour gérer l'anxiété dans toutes les situations

A-n-x-i-é-t-é. *Partout.* Arriver en retard au bureau est source d'*anxiété.* La crise économique est source d'*angoisse.* La pandémie, la guerre, le mauvais temps, les cartes de crédit à découvert et même les instructions pour monter un bureau IKEA génèrent des hectolitres d'anxiété qui se déversent dans le fleuve de notre esprit... *provoquant un tsunami* !

Sans doute pourrions-nous crier "chacun *pour soi",* monter sur un radeau de fortune et croiser les doigts, en espérant arriver à bon port, guidés par le bercement hypnotique des vagues. Pourtant, la vérité est que la combinaison à la pelle de l'*anxiété et du stress* a un impact négatif - que dis-je ? *destructeur* - sur l'équilibre homéostatique dont je vous ai parlé au chapitre 1. L'inquiétude nous saisit et nous laisse impuissants, exposés et incapables de prendre soin de nous-mêmes. Personnellement, avant de passer en revue les stratégies pratiques à mettre en œuvre au bureau, à l'école, en famille ou en amour, permettez-moi de vous proposer deux solutions *anti-panique* qui peuvent s'avérer utiles.

LA TECHNIQUE DE LA RENCONTRE

Si vous ne pouvez pas vaincre les pensées excessives, faites-en votre plus fidèle allié. Prenez un stylo et du papier. Dressez une liste de cinq problèmes, *petits* ou *grands,* qui vous empêchent de dormir sur vos deux oreilles. Classez-les par ordre croissant. Quelques exemples : "Numéro 1 : acheter une robe fantaisie pour le mariage de ma cousine". Et ainsi de suite, en crescendo, jusqu'à : "Numéro 5 : rendre l'argent qui m'a été prêté par x ou y". Vous avez devant vous une *schématisation verbale de* vos ennemis ; des problèmes non résolus qui génèrent de la frustration, de la colère ou de la peur de plus en plus intense. Ce que je vous demande maintenant, c'est de mettre en pratique la stratégie de *dissipation de la paranoïa* testée par un groupe de chercheurs de l'*université de Penn State*. Plutôt que de vous torturer le cerveau 24 heures sur 24, au point d'en perdre la raison et la clarté mentale, accordez-vous 30 minutes de réflexion hebdomadaire pendant lesquelles vous serez libre de vous "*laisser terrifier*" par vos inquiétudes les plus intimes. Pendant ce temps, il est strictement interdit de minimiser et d'alléger le poids de vos problèmes personnels ou interpersonnels. Loin *de là*. Magnifiez-les à l'extrême, en les transformant en leur version irrationnelle, absurde ou grotesque. Si l'on reprend la liste ci-dessus, le point *numéro 1* pourrait se résumer à un "Au diable, je me présenterai à la cérémonie". Je me présenterai à la cérémonie en pyjama et en pantoufles", tandis que l'inquiétude numéro 5 deviendra "Je ne pourrai jamais rembourser ma dette et je devrai émigrer au

Mexique". Et si vous vous demandez comment **la technique de la rencontre** peut vous tirer d'affaire dans votre esprit, réfléchissez à votre capacité à ridiculiser ces petits obstacles apparemment insurmontables et à prendre de la distance par rapport à eux. En créant un fossé entre le vous du présent *(inquiet)* et le vous du futur *(ironiquement aux prises avec ses problèmes), vous serez en* mesure d'entraîner la pensée créative, d'éradiquer les tensions destructrices et d'habituer votre esprit au pouvoir libérateur et merveilleusement thérapeutique du rire. Cela me rappelle le vers de la *Canzone di Bacco*, composée par Lorenzo de' Medici et passée à la postérité en vertu de sa dialectique parodique : *"Chi vuol esser lieto sia, del doman non c'è certezza"*. ("Que celui qui veut être heureux le soit, il n'y a pas de certitude sur le lendemain").

Autant en rire, n'est-ce pas ?

LA RESPIRATION ZEN (ET POURQUOI ELLE VOUS EST UTILE MÊME SI VOUS N'ÊTES PAS UN MOINE TIBÉTAIN)

Mon cher lecteur, ma chère lectrice, je le sais bien. Vous attendez de moi des conseils bien plus décisifs qu'un banal "Respirez !". Pourtant, parmi tous les outils *anti-panique en notre* possession, je crois que l'exercice de la respiration consciente (zen) mérite une petite place sur le Mont Olympe des stratégies anti-rhumination dignes de votre attention.

Tout le monde ne sait pas que le mot "respiration" a des origines latines : "expirer" évoque avant tout "*émaner, souffler*" ou, en traduction, "*sortir*". Et aussi contre-intuitif que cela puisse vous paraître, la grande majorité des personnes qui *réfléchissent trop* (et qui ne réfléchissent pas)... ne peuvent pas *respirer !* Nous, Occidentaux, avalons et expulsons l'air de manière superficielle, en n'impliquant que la poitrine. Nous *respirons à toute vitesse*, comme si nous étions perpétuellement collés à un tapis roulant qui accélère le rythme de nos foulées à volonté.

Avant d'étudier la rumination mentale et ses implications pratiques, j'étais moi-même - *mea culpa* - un champion de la mauvaise habitude connue sous le nom de **respiration thoracique**. Cette dernière est responsable d'une augmentation du niveau d'anxiété, et l'anxiété contribue à l'intensification de la respiration superficielle. Cela déclenche un *cercle vicieux* qui amplifie le sentiment de confusion, de passivité et de manque de clarté cognitive qui sous-tend les pensées excessives. Sans même s'en rendre compte, on se retrouve avec un souffle court, un rythme cardiaque rapide, un coup de chaleur, une sensation de brouillard mental et un resserrement de la cage thoracique.

La question se pose donc : peut-on apprendre à respirer correctement à un âge *(plus ou moins) avancé* ? La réponse est affirmative. Pour y parvenir, il faut d'abord redécouvrir le potentiel du **diaphragme**, qui permet d'augmenter la capacité pulmonaire, de réduire les épisodes d'anxiété et d'aider à surmonter les petits et grands problèmes de la vie quotidienne. Depuis les années 1970, de nombreuses recherches ont témoigné de l'efficacité de la respiration zen (ou diaphragmatique) sur les personnes souffrant de troubles anxieux.

Alors, en quoi consiste la respiration zen ? En quelques mots, elle permet de reprendre contact avec les deux phases respiratoires par excellence : l'*inspiration et l'expiration.*

Mais il y a un hic : prendre conscience de notre transe pulmonaire semble impossible. Il suffit de dire que nous effectuons en moyenne vingt-cinq mille cycles respiratoires par jour. Nous n'avons pas assez de temps et d'énergie pour nous concentrer sur l'air qui *entre et sort*. Pourtant, j'ai une bonne nouvelle à vous annoncer : après une phase initiale d'entraînement, la respiration zen se transformera en une bonne habitude automatisée à tous les niveaux. En d'autres termes, vous n'aurez plus à vous soucier de bien respirer car votre corps s'en chargera à votre place. Afin d'atteindre un bon niveau de maîtrise, je vous recommande de consacrer une dizaine de minutes à l'exercice retranscrit ci-dessous :

- Trouvez un environnement calme dans lequel vous pouvez vous exercer sans être distrait ou interrompu.

- Allongez-vous sur le dos pour que la gravité vous aide à renforcer votre lien avec votre corps et l'air que vous respirez.

- Placez une main sur votre ventre et ramenez l'autre sur votre poitrine. Vous pouvez ainsi vérifier l'utilisation correcte de votre diaphragme.

- Commencez à respirer lentement. Inspirez et expirez sans vous presser. Vous pouvez atteindre un état de relaxation profonde en fermant ou en demi-fermant les yeux.

- À ce stade, vérifiez que la main qui monte et descend le plus est celle qui repose sur votre ventre. Si ce n'est pas le cas, vous êtes probablement habitué à une respiration superficielle (thoracique). Ne vous découragez pas et restez calme. Vous venez de reconnaître l'un des problèmes les plus courants responsables de l'anxiété, du stress et de la fatigue physique. *Bref, vous êtes sur la bonne voie pour y remédier !*

- Rétablissez la connexion psychique avec votre corps et essayez d'impliquer votre diaphragme dans le cycle respiratoire. Pour ce faire, suivez le décompte suivant : inspirez par le nez en comptant jusqu'à *trois*, retenez votre souffle pendant *deux* secondes, puis expirez l'air en énumérant mentalement *"six, sept, huit, neuf et dix". Les* deux secondes de retenue jouent un rôle clé pour atteindre le point zen, car elles envoient au cerveau un message de discipline, de force et de maîtrise de soi.

La synchronisation de l'expiration n'est pas obligatoire. Pour que la respiration diaphragmatique minimise les niveaux d'anxiété subis par l'organisme, il suffit que *les expirations soient toujours plus longues que les inspirations.* Et ne croyez pas que cela soit dû à une théorie farfelue issue de la philosophie orientale. La raison pour laquelle la respiration zen bat la respiration thoracique à 10 contre 0 réside dans la prédisposition du muscle cardiaque à accélérer *imperceptiblement* ses battements lors de l'introduction de l'air et à les ralentir lors de son expulsion.

Ralentir, lecteur, c'est d'abord garder le contrôle de notre corps. En d'autres termes, l'allongement de la phase expiratoire assure **A) une** bonne oxygénation des tissus et **B)** une élimination plus correcte du gaz carbonique. En un rien de temps, nous pourrons tenir à distance les réactions physiques provoquées par l'anxiété, les soucis et les pensées obsessionnelles pour atteindre un *statu quo de* détente, de calme et de sérénité.

D'après mon expérience très personnelle et celle de mes élèves, il serait bon de consacrer une dizaine de minutes par jour à la respiration zen. Au fil des jours, vous vous rendrez compte d'un fait très curieux : vous apprendrez à ne soulever que la main placée sur votre abdomen, sans étouffer le flux d'air au niveau de la poitrine. Mais ce n'est pas tout : en poursuivant la pratique respiratoire en question, vous ralentirez progressivement votre respiration jusqu'à atteindre un état de relaxation profonde. On pourrait même parler d'une sorte de *transe* ou d'un état d'esprit méditatif.

Toutes mes félicitations !

Vous avez enfin trouvé un moyen de vous reconnecter au moment présent, à l'ici et maintenant dont je vous ai parlé à propos des sensations corporelles. À l'apogée de la respiration zen, une bouffée d'oxygène bénéfique et régénératrice traverse votre corps. Les battements de votre cœur ralentissent, votre tension artérielle baisse, le sang atteint chaque cellule et votre esprit, comme par magie, se tait pendant un moment. Il ne parle plus, mais observe ce qui se passe à l'intérieur et à l'extérieur de vous. Pour reprendre les mots de Don MacPherson dans *Calm the Monkey in Your Head - How to Eliminate Anxiety and Insecurity to Regain Control of Your Life* (publié par Giunti) : "[La respiration diaphragmatique] interrompt également le cercle vicieux de l'escalade de l'adrénaline, réduisant ainsi l'anxiété et tuant dans l'œuf les attaques de panique. Si votre tête est pleine de pensées et que vous devenez anxieux, cela signifie que vous avez laissé l'esprit du singe prendre le dessus ou du moins interférer avec votre clarté mentale. La respiration zen peut remettre le singe à sa place et calmer l'esprit. Si votre singe crie de plus en plus fort, jetant de l'huile sur le feu, le recours à la respiration zen arrêtera ce vacarme et vous ramènera à un agréable sentiment de calme.

Attention, attention : la respiration zen recèle un potentiel énorme. Mais ne commettez pas l'erreur de sous-estimer les difficultés de la phase d'apprentissage. Il faut encore éradiquer une mauvaise habitude (la respiration thoracique) répétée des milliards et des milliards de fois, de manière totalement automatique. Vous avez besoin de temps, de calme et d'intimité. Je vous conseille d'entreprendre ce voyage relaxant et méditatif sans être pressé de tout obtenir tout de suite. *Au contraire !* Les premières tentatives risquent fort de laisser libre cours aux pensées obsessionnelles qui se bousculent en vous. Au meilleur moment, alors que vous vous tenez debout, une main sur le ventre et l'autre sur la poitrine, désireux de vous concentrer, la rumination mentale peut frapper à la porte de la conscience pour vous faire trébucher : *"Quelle perte de temps !* - suggère une petite voix mélodieuse dans votre tête. *"Pourquoi ne pas cesser de perdre de précieuses minutes avec ces bêtises et envoyer les courriels qui attendent depuis ce matin ? Pourquoi ne vas-tu pas faire tes courses ? Pourquoi ne pas vérifier que vous avez bien fermé la portière de la voiture ? Pourquoi ne pas téléphoner au comptable pour résoudre ce problème désagréable qui vous empêche de dormir la nuit* ?"

Or, une augmentation de l'anxiété, du stress et de la paranoïa est tout à fait compréhensible dans la **phase d'adaptation**. En effet, comme nous l'avons répété dans les pages précédentes, les nouvelles expériences sont généralement considérées comme *désagréables* par notre cerveau, car elles imposent une charge psychique plus élevée. Ainsi, pour vous détourner de l'apprentissage de la respiration zen, il est fort probable que votre esprit fasse beaucoup de bruit pour déclencher la boucle des pensées intrusives que vous connaissez si bien. Je vous conseille de ne pas résister aux distractions, petites ou grandes, qui surviennent pendant la pratique. Se déconcentrer ne signifie pas contrecarrer vos efforts pour maîtriser la respiration diaphragmatique. Loin de là. Restez détendu, concentrez-vous sur le flux d'air qui entre et sort de vos poumons et, surtout, poursuivez la séance sans stress et sans précipitation.

Enfin, permettez-moi de vous fournir quelques ressources complémentaires utiles qui vous permettront de poursuivre la formation par vous-même. La respiration diaphragmatique est tout sauf une méthode de relaxation sans fondement scientifique. Je ne l'ai pas inventée et il ne s'agit pas non plus d'une pseudo-solution inventée de toutes pièces. Selon la biologiste et neuroscientifique Jill Bolte Taylor[1] , les pensées (positives, négatives ou neutres) mettent environ *quatre-vingt-dix secondes* à atteindre le seuil de la conscience et à mobiliser les facultés du psychisme. Parmi les nombreuses idées qui nous traversent l'esprit, celles qui sont liées à une réponse

---

[1] Apprenez-en plus sur le chercheur de la *Harvard Medical School* avec des **TED Talks** axés sur l'obtention du calme et de la paix intérieure.

émotionnelle sont donc plus rapides que celles qui sont neutres et/ou logiques-rationnelles. Par conséquent, en toute logique, la pratique de la respiration zen - effectuée dans les quatre-vingt-dix secondes précédant l'activation de la pensée désagréable - est largement suffisante pour abaisser les niveaux de stress, d'anxiété et d'adrénaline qui provoquent l'évanouissement de l'esprit et mettent en péril l'homéostasie du corps.

Vous aurez compris que la solution à l'overthinking dépend (aussi) de la rapidité avec laquelle nous amortissons l'apparition des pensées intrusives et obsessionnelles. En ce sens, la respiration diaphragmatique est une solution à 110 plus car, contrairement à toutes les autres méthodes pratiques contenues dans les pages précédentes du livre que vous tenez entre vos mains, elle ne nécessite aucun outil complexe, aucun espace, aucune condition ni aucun prérequis. Vous n'avez besoin que de votre souffle et de votre volonté pour redevenir maître des états émotionnels qui vous habitent. Je vous laisse au paragraphe suivant avec un exercice-défi très stimulant : la prochaine fois que vous serez sur le point de réaliser une action stressante (un entretien d'embauche ou des courses au supermarché local, par exemple), faites une mini-séance de respiration diaphragmatique *avant toute* manifestation d'anxiété. La technique en question est basée sur l'**amélioration proactive, c'est-à-dire** avant l'apparition du problème. Vous pouvez ainsi ralentir votre rythme cardiaque et atteindre un état de clarté mentale qui vous permettra de profiter pleinement de votre séjour à l'étranger. Fini le stress, les inquiétudes infondées, les idées obsessionnelles qui résonnent dans vos oreilles. La respiration zen maintiendra votre taux d'adrénaline à distance et donnera à votre cerveau un sentiment très agréable et presque immédiat de contrôle pendant que vous décrochez ce travail tant recherché, ou pendant que vous remplissez votre caddie de fruits, de légumes (et de délicieux snacks au chocolat). *Miam !*

MANUEL D'INSTRUCTIONS POUR LES AMOUREUX QUI RÉFLÉCHISSENT TROP

Supposons que, par un ingénieux coup du sort ou une combinaison astrale bizarre, vous ayez été frappé non seulement par une tendance épuisante à la rumination mentale, mais aussi par une flèche enchantée tirée par le bon Cupidon. Et disons aussi que vous cherchez une stratégie vraiment efficace pour vous débarrasser de ce sentiment constant de *méfiance, de jalousie, de contrôle, de peur de la perte ou de peur de l'amour* qui rend votre histoire (pas si) heureuse infernale. La société moderne a multiplié les facteurs de stress au centuple et nous bombarde constamment d'une combinaison bien équilibrée de problèmes professionnels, financiers ou familiaux, mais aussi et surtout *sentimentaux*. Il suffit de penser à la fortune et aux grands résultats (en termes de *parts*) obtenus par les *émissions de téléréalité* et les *séries télévisées dans lesquelles des* couples prétendument amoureux gagnent, trompent, se séparent et se remettent ensemble sous les applaudissements d'un public ému. *Quelqu'un aurait-il un mouchoir ? Cependant,* comme c'est souvent le cas, la réalité est bien plus complexe et multiforme qu'un épisode de *L'île de la tentation*. Dans le "monde extérieur", les insécurités émotionnelles risquent de devenir un véritable obstacle à la réalisation de votre bonheur (et de celui de la personne que vous aimez).

Vous trouverez ci-dessous un *vade-mecum* facile à suivre qui, je l'espère, vous aidera à suspendre le jugement induit par l'*esprit ruminant.*

- Ne cédez pas à la manie de trop analyser les mots, les silences, les regards, les virgules, les pauses et les actions de votre partenaire. Comme indiqué dans les chapitres précédents, la communication interpersonnelle est le résultat de l'intersection de deux (ou plusieurs) points de vue au moment où nous ouvrons la bouche pour nous adresser à notre moitié. Il arrive - et avec une fréquence alarmante, si j'ose dire - de mal comprendre et d'être mal compris, de ne pas comprendre et de ne pas expliquer, de parler de A pour exprimer B (et vice versa). *Quelle pagaille ! Les* interprétations d'une phrase prononcée par votre *partenaire amoureux peuvent être* des milliers ! Pourtant, même les silences, les regards et les petits gestes de la vie quotidienne ont un impact non moins intense que la communication verbale. En bref, s'il/elle ne dit pas "je t'aime" cinquante fois par jour, cela ne signifie pas que vous ne ressentez pas d'affection et d'amour. Enfin, si vous avez des doutes qui vous empêchent de vivre la relation avec sérénité, parlez-en à la personne concernée (mais n'oubliez pas de ne pas impliquer l'autre personne dans vos ruminations mentales, au risque de "contaminer" de votre confiance la personne que vous voulez à vos côtés).

- Recentrez votre attention sur vous-même et sur vos sentiments. Les *personnes souffrant de troubles obsessionnels compulsifs commettent* souvent l'erreur de projeter leurs doutes, leurs insécurités et leurs fragilités sur leur partenaire. L'exercice de l'écriture fluide ou de la respiration zen peut vous aider à chasser la paranoïa et à éviter les confrontations désagréables avec votre partenaire. Plutôt que de lui poser *mille* questions indiscrètes, prenez une feuille de papier ou méditez pendant une dizaine de minutes en concentrant votre attention sur ce que vous ressentez (et pourquoi) en compagnie de votre interlocuteur.

- *Ne pas bien prêcher et mal prier* - aka : imaginez que vous donnez des conseils à votre meilleur ami. Que lui diriez-vous s'il était embourbé dans les sables mouvants de la rumination mentale ? Selon toute vraisemblance, vous lui conseilleriez de se distraire, de parler à son partenaire ou de trouver la force de "voir le verre à moitié plein". Vous feriez de même, n'est-ce pas ?

- Posez-vous la question suivante : "Pourquoi est-ce que je continue à investir du temps et de l'énergie psychique dans des réflexions excessives, alors que je pourrais passer du temps de qualité avec la personne que j'aime ? Bien sûr, l'amour nous rend vulnérables et (plus) fragiles que nous ne voulons l'admettre. Cependant, gardez à l'esprit une vérité avec un *grand V* : toute histoire qui se termine bien est toujours le fruit de la rencontre de deux individus qui s'acceptent, se respectent, se soutiennent et s'appuient mutuellement... *pour ce qu'ils sont !* En l'absence d'indépendance émotionnelle et affective, aucune histoire d'amour (supposée) ne durera éternellement.

- Enfin, apprenez à exprimer vos pensées de manière claire, limpide et transparente. Tant de personnes - et je m'adresse ici surtout aux *lectrices - font* de la communication en *face à face* avec leur partenaire un prétexte pour dévier, ruminer, manipuler, jouer des tours, se taire ou inventer des *énigmes* dignes du célèbre duo *Sherlock & Watson* et que l'infortuné interlocuteur devra résoudre, avant de comprendre la vérité. Nous ne pouvons pas espérer être compris par nos partenaires si nous faisons tout pour les induire en erreur et les détourner du droit chemin. Vous serez surpris de constater que, lorsque vous aurez le courage de parler de vous clairement et honnêtement, même votre interlocuteur commencera à vous sembler moins mystérieux et insaisissable que vous ne le pensez. Il n'y a pas de mal à essayer, surtout si vous avez l'intention d'appliquer les deux conseils du chapitre 3 pour améliorer la communication.

Au cas où vous seriez ancré dans une *relation toxique* - ponctuée de crises de jalousie, de manies du contrôle et de formes de violence, tant physique que verbale - je vous conseille vivement de transformer votre rumination mentale en action concrète. Prenez contact avec un thérapeute afin d'adopter un autre point de vue (plus sain) sur votre histoire d'*amour et de non-amour.* Demander de l'aide ne signifie pas être faible, malade ou incapable de se prendre en charge ; demander de l'aide est avant tout un moyen de comprendre l'essentiel d'une relation qui pourrait laisser des traces irrémédiablement négatives dans votre vie et votre psychisme. L'aide d'un psychologue ou d'un psychothérapeute vous permettra d'éliminer les superstructures et d'analyser les dynamiques relationnelles qui vous lient à votre partenaire avec un regard neutre, extérieur et moins conditionné.

MANUEL D'INSTRUCTIONS POUR LES PERSONNES QUI RÉFLÉCHISSENT TROP AU BUREAU

Cher lecteur, chère lectrice, je soupçonne certains *ruminateurs en série d'*être pris au piège du *lasso de l'anxiété* au point d'être convaincus qu'ils n'ont pas d'outils valables pour *prévenir la paranoïa.* Cette crainte est fréquente : on croit souvent que la respiration zen, la perception de l'*instant présent, la* rédaction d'un journal ou l'amélioration de l'efficacité personnelle sont des palliatifs qui sont loin d'être fonctionnels, incisifs et décisifs à court terme. Or, nous voulons tous des améliorations à court terme. La méfiance qui s'empare des overthinkers aguerris prend des proportions gigantesques - que dis-je ? mastodontes - lorsque le discours glisse vers les *problèmes professionnels.*

Notre profession représente - au même titre que les études scolaires ou universitaires - un terrain fertile pour la prolifération de pensées intrusives et obsessionnelles. La raison en est que l'activité professionnelle se développe dans un cadre social régi par la *performance, l'habileté, la productivité, la capacité à plaire aux autres et l'adaptabilité interpersonnelle*. Ceux de mes lecteurs qui se décrivent comme introvertis, timides et un peu gauches auront deviné qu'il y a deux catégories dans le monde : d'une part, les employés qui sont tout sourire et qui *disent "comment ça va, mon cher ?"* et, d'autre part, les employés silencieux et taciturnes. Ces derniers ont une "batterie sociale" qui se vide rapidement et qui a besoin de (beaucoup) plus de temps pour se *remplir à nouveau*.

Tout d'abord, je tiens à vous rassurer : en tant qu'*introverti*, il m'est arrivé plus d'une fois de jeter un coup d'œil admiratif à ces collègues qui, avec un naturel apparent, résolvaient avec brio tous les problèmes du travail. *Toujours le sourire aux lèvres.*

Toujours en faisant plaisir à leurs interlocuteurs. Toujours avec charisme et nonchalance.

Ce n'est pas un hasard si je m'adresse plus particulièrement aux lecteurs les plus introvertis. Ces derniers sont généralement prédisposés à montrer des signes de stress, d'anxiété et de doute de soi liés au fait qu'ils ne sont pas *compatibles avec les* activités au bureau ou au magasin, en compagnie de collègues ou en contact avec des centaines d'inconnus par jour.

Dans un environnement très exigeant et stressant, l'augmentation de la tension psychique entraîne une réponse immédiate à la perturbation de l'équilibre homéostatique. Ces derniers temps, on entend souvent parler du *syndrome d'épuisement professionnel, que l'on* peut traduire par "*épuisement, surchauffe et épuisement*". Les difficultés professionnelles ne déclenchent pas seulement un cercle vicieux de *réflexions excessives* et de rumination mentale, mais sont également responsables du cynisme, du désintérêt, de l'irritabilité, du manque d'attention, du manque de créativité, de l'impression d'être vidé - c'est-à-dire de manquer d'idées et d'objectifs à atteindre - ainsi que de la difficulté à se lever le matin, de la colère, d'une faible estime de soi et de la culpabilité. Dans les cas les plus graves, les obligations professionnelles déclenchent des réactions émotionnelles fortes - celles qui relèvent de la *crise de panique* - qui nécessitent des outils thérapeutiques professionnels adaptés aux besoins du patient.

Ne connaissant pas la dynamique de travail dans laquelle vous êtes plongé quotidiennement, il m'est *difficile*, voire *impossible*, de remonter aux sources de votre mal-être. Cependant, j'aimerais vous recommander une technique d'*épuisement professionnel* qui, si elle est répétée quotidiennement et combinée à la respiration diaphragmatique, pourrait vous aider à sortir de la boucle de négativité dans laquelle vous êtes tombé.

Je fais référence à la stratégie de l'**amélioration lente**.

D'accord, je suis d'accord avec vous : le nom de cet exercice ne sonne pas très bien. Pourtant, son efficacité *va vous surprendre. Il* repose sur une idée aussi simple que salvatrice : les changements progressifs sont *plus sains*, plus *durables* et plus *bénéfiques* que les grandes révolutions qui se produisent en une seconde, une minute ou un jour. Vous ne me croyez pas ? Dans les chapitres précédents, je vous ai expliqué que l'esprit humain *fuit la douleur* - qui se manifeste sous la forme d'une tension psychique accrue - et se complaît dans sa propre *zone de confort*. Dès qu'une perspective de changement frappe à la porte de notre ego - *toc-toc !* - nous paniquons, nous nous sentons fragiles et perdus, ou nous sommes envahis par un sentiment de danger, la peur de l'échec et le manque de clarté mentale. Notre *équilibre homéostatique* fait ses valises et achète un billet aller simple, nous laissant seuls, désorientés et en proie à des réflexions excessives.

Existe-t-il une solution à ce problème ? Pouvons-nous changer (pour le meilleur) sans déclencher la réponse des systèmes défensifs utilisés par le psychisme pour réduire les tensions désagréables, en nous enfermant dans une zone de confort où il n'y a pas de place pour la croissance et l'amélioration ?

La réponse est affirmative. Il s'agit de mettre en œuvre des *micro-modifications quotidiennes* si inoffensives et triviales qu'elles sont ignorées par l'activité cognitive. Choisissez un aspect de votre vie que vous souhaitez améliorer - par exemple votre habitude de procrastination au bureau - et transformez progressivement vos habitudes. Il ne sert à rien de se dire : "Dès demain, je me lève à sept heures et je réponds aux *deux cent douze courriels qui m'*attendent depuis une semaine ! Si votre esprit se rend compte qu'il est sur le point de faire un marathon de travail sur Gmail, il va paniquer et activer ces réactions d'anxiété, de stress et d'adrénaline qui paralysent l'action et s'accumulent dans l'esprit sous forme de pensées intrusives.

Il faut *réduire la* tendance à la procrastination, et non *l'éliminer*. Ou encore, il est préférable de terminer les tâches de votre liste de choses à faire petit *à petit*, et non en une seule journée. Ou encore, il est plus sage de chercher un nouvel *emploi* qui présente au *moins une des* caractéristiques que vous souhaitez (flexibilité, salaire, possibilité de travailler à distance, impact positif sur les autres, etc.

En d'autres termes, l'*amélioration de l'escargot vous* aidera à sortir de votre bulle de confort, en vous ouvrant à de nouveaux horizons et à des opportunités de changement passionnantes. Il peut être utilisé dans tous les domaines existentiels : des études à la perte de poids, en passant par les séances d'entraînement à la salle de sport et l'apprentissage d'une nouvelle langue.

Même les plus petites transformations, si elles sont répétées avec constance et persévérance, peuvent vous conduire aux grandes réalisations dont vous avez rêvé toute votre vie.

En bref, ce qui est jugé par l'esprit comme un changement inoffensif et tout à fait négligeable, est pour vous un grand bond en avant...

3, 2, 1...

Il est temps de sauter les obstacles de votre vie professionnelle à pieds joints, ne pensez-vous pas ?

MANUEL D'INSTRUCTION POUR LES PENSEURS EXCESSIFS EN SESSION UNIVERSITAIRE

Étudiant ou étudiante, au rapport !

Je vous invite à fermer les yeux et à imaginer une scène de la vie universitaire ordinaire : la date de l'examen approche, et vous avez trié les pages et les résumés pour savoir exactement *comment, quand* et *pourquoi* aborder les tomes de *droit* ou de *médecine*. Ou bien vous n'avez plus de cours, de professeurs et de volumes de mille pages à la faculté qui vous terrifient jour et nuit. Vous n'avez plus intérêt à faire défiler votre tableau de bord *Instagram* ou *YouTube* pour tenter de vous distraire des pensées intrusives liées à l'échec de tel ou tel test d'admission. Loin de là. Les heures passées à étudier se révèlent productives, stimulantes et agréables à terminer.

"Eh bien, vous vivez dans un monde de rêve ! - répondrez-vous. "Oui, les examens approchent, mais je suis sur le point de tout laisser tomber et d'ouvrir un stand de slushie à la Barbade ! Je n'en peux plus ! Il n'y a pas un moment dans la journée où je ne pense pas à la myriade d'informations que je dois apprendre et mémoriser..."

C'est compréhensible, je vous comprends ! Mais avant d'acheter un aller simple pour une destination exotique à l'autre bout de la planète, jetez un coup d'œil à mes méthodes d'étude *anti-paranoïa* qui vous permettront (avec un peu d'effort) de sortir du cercle vicieux de l'anxiété, du stress, de l'insécurité, de la procrastination et de la *négation de l'étude !*

#1 - Étudier avec la précision d'un chirurgien cardiaque

Et oui, faites-le, que vous soyez aspirant médecin de bloc opératoire, futur critique d'art ou traducteur de textes grecs anciens. Avant même d'ouvrir les livres qui prennent la poussière sur votre bureau, apprenez à... *faire confiance à vos capacités mentales !* Cet aspect est étroitement lié à la notion d'estime de soi et d'efficacité personnelle. Un élève convaincu qu'il a ce qu'il faut pour arracher un A au professeur ou à son assistant aura plus de chances d'atteindre son *objectif*. Mais ce n'est pas tout : je vous conseille de vous débarrasser des stratégies d'apprentissage infructueuses que vous avez utilisées jusqu'à présent. En d'autres termes, rédiger des résumés hyper détaillés, enregistrer les cours pour les écouter au casque le soir, répéter "comme *un perroquet"* - comme le disait mon professeur d'italien - et revenir sans cesse sur le même concept, jusqu'à l'épuisement, ne fera que rendre votre esprit paresseux. Le cerveau est habitué ; plus vous lui donnez l'occasion de *ralentir la phase de mémorisation* et d'apprentissage, plus vous devrez relire une date ou une définition avant de la fixer dans votre mémoire. Réfléchissez : pourquoi l'esprit *gaspillerait-il son énergie et sa capacité d'attention* pour se souvenir d'une information en un coup d'œil si vous l'avez habitué par le passé à relire, relire *et relire* un résumé jusqu'à l'épuisement ?

Ce que j'essaie de vous dire, c'est que le cerveau humain a besoin d'être motivé, défié et... *maintenu en éveil !* Pour réussir, je vous suggère de vous asseoir à votre bureau avec une seule idée en tête : *"Et si vous pouviez lire cette page d'un livre... juste une fois ?* Imaginez que vous abordiez la compréhension d'un texte comme si vous n'aviez qu'une seule chance d'emmagasiner un maximum de données. Je ne vous conseille pas de pousser mes propos à l'extrême et de vous présenter à l'examen le plus difficile du semestre avec une *préparation superficielle.* Cependant, pour augmenter votre productivité et transformer une tension désagréable en énergie fonctionnelle face aux défis éducatifs qui vous attendent, vous devez d'abord vous mettre dans un état d'esprit de *"tout et tout de suite".*

Par exemple, essayez d'établir que la révision des informations étudiées la veille ne prendra pas plus d'une ou deux heures. Réglez le minuteur. Lorsque vous entendez le *"Driiin !"* du compte à rebours, ce qui est fait est fait. Fermez le cahier et continuez à étudier les nouvelles informations. Il est probable qu'au début, vous vous sentirez confus, sous pression et incapable de mémoriser les concepts. Cependant, avec le temps, votre cerveau s'habituera à se concentrer avec une précision chirurgicale, à éliminer les distractions et à maximiser les heures que vous consacrez à chaque tâche.

Essayez-le pour le croire !

#2 - A l'école pour la mémorisation avec Cicéron

"Cicéron ? - demandez-vous. "Tu n'as pas l'impression de remonter un peu trop loin dans le temps ?"

Attendez, attendez. Laissez-moi vous expliquer la technique de mémorisation du célèbre orateur latin. Tout le monde ne sait pas, en effet, que le longiligne Cicéron possédait une capacité innée à mémoriser chaque nom, chaque verbe et chaque adjectif de ses *longs, très longs* discours. Des millénaires plus tard, bien que les neurosciences aient fait de grands progrès, **la**

technique des loci de Cicéron est une pierre angulaire de l'apprentissage de notions et de concepts complexes en peu de temps.

Vous ne me croyez pas ?

La stratégie des loci est mieux connue sous le nom de *Palais de la Mémoire*. Ce dernier est une combinaison savamment équilibrée de bâtiments, de couloirs et de pièces (super-secrètes) situés dans notre esprit et liés à une **forme** donnée **de visualisation**. Je suppose que vous êtes un peu perdu. Permettez-moi donc de clarifier son fonctionnement avec les mots éclairants utilisés par Cicéron lui-même dans le *De Oratore* (paragraphe XXXIV) : "*Je ne vois pas d'inconvénient à ce que vous utilisiez [...] même cette méthode qui [...] tente de lier la mémoire à des images et à des lieux spécifiques*".

Lier la mémoire à des images et à des lieux précis !

En d'autres termes, le Palais de la Mémoire implique la corrélation de chaque concept à *une image*. Cette première *représentation* mnésique est ensuite associée à des rues, des bâtiments ou des environnements familiers. Un exemple ? Notre bon vieux Cicéron décomposait ses discours en micro-parties de texte. Ainsi, il attribuait chaque fragment dialogique aux multiples colonnes de la tonnelle ou du palais où il répétait son discours. Ainsi, malgré les nombreux regards qui l'observaient avec curiosité ou admiration, Cicéron ne s'est jamais "emmêlé". Dès qu'il perdait le fil, il observait les colonnes qui l'entouraient de chaque côté et reprenait son discours à l'endroit exact où il l'avait interrompu. Je suppose que vous n'avez pas besoin de parler devant une assemblée de sénateurs au service de l'empereur, mais vous menez sans doute vos propres batailles personnelles contre les règles de la jurisprudence ou les formules de la physique, de la chimie et des mathématiques.

Êtes-vous prêt à jouer le rôle d'architecte dans votre propre palais commémoratif ?

#3 - *Ne pas se contenter d'étudier !* Comment surmonter la peur de passer un examen oral ?

Cher lecteur, chère lectrice, je voudrais vous conseiller une dernière stratégie universitaire de lutte contre la paranoïa en citant les mots de *Caton le Censeur* - en bref, vous avez dû vous rendre compte que nos ancêtres s'en sortaient très bien lorsqu'il s'agissait de se détendre avant et après la conférence au Sénat : "*Si vous connaissez le sujet, les mots suivront*". *Dans le cas contraire*, nous ressentons de l'embarras, de l'incertitude, de la confusion mentale et la peur d'enchaîner les *bourdes.* Réfléchissez un instant : c'est la manie du perfectionnisme, ancrée au plus profond de la psyché, qui paralyse les *capacités de communication de* tout *étudiant avec un grand S.* Faire preuve de maturité et d'esprit critique face à l'imprévu, briser les silences, répondre aux questions ou aux tests des professeurs avec une *pointe d'*improvisation créative - aussi complexe et un peu effrayante qu'elle puisse vous paraître - font partie intégrante du "*jeu*" universitaire. Une fois de plus, rappelez-vous qu'il n'est jamais bon de prévoir à l'avance les obstacles probables, les questions potentielles et les mésaventures possibles. Jamais. Vous ne ferez qu'alimenter une *réalité imaginaire* implantée dans votre tête. De plus, vous dépenserez votre précieuse énergie mentale sans améliorer vos séances d'étude ni vos performances pendant l'examen. Je vous le demande : cela en vaut-il la peine ?

La réponse est évidemment négative.

Utilisez vos capacités cognitives de manière neutre et objective.

Quel est votre objectif ?

Apprendre certaines notions et se familiariser avec certains sujets d'étude. *Point.*

Rien d'autre.

La présence du professeur ou de l'assistant, la date de l'appel, le look à arborer pendant l'examen et les stratégies à essayer d'imiter de votre collègue de bureau sont des "*pares mentales*" qui vous éloignent de l'objectif final. Thomas Edison aimait à répéter que les grandes réussites sont une combinaison de 99 % d'efforts, d'engagement et de travail acharné et de 1 % de génie et de folie. Étudiez le sujet, investissez dans votre formation, soyez curieux, lisez des livres et écoutez des podcasts. *La formule magique qui mène à la trentaine tant convoitée est plus simple que vous ne le pensez.*

MANUEL D'INSTRUCTION POUR LES PERSONNES QUI RÉFLÉCHISSENT TROP DANS LA FAMILLE

Ah, les affaires familiales ! Elles nous tiennent en haleine, nous donnent l'impression d'être jugés, nous laissent un goût amer dans la bouche. La famille parfaite - que j'aime appeler ironiquement la "*famille pain blanc*" - est une reconstruction *irréaliste* et *utopique* des dynamiques interpersonnelles communes à tous, mais vraiment à *tous les* foyers dans lesquels nous vivons et agissons. De manière totalement involontaire, vos parents, l'environnement dans lequel vous avez grandi, vos querelles avec vos frères et sœurs et les attentes des grands-parents, des oncles et des cousins ont imprimé de *profondes blessures dans votre psyché. Des* blessures qui, aujourd'hui encore, peuvent alimenter les pensées obsessionnelles et les insécurités stockées dans votre bagage personnel - *surtout en amour.*

Lecteur, lectrice, je ne vous connais pas personnellement et ne peux même pas imaginer les événements *présents et passés que* vous traversez avec courage, détermination et *beaucoup, beaucoup de* cran. Je n'ai pas le super pouvoir d'effacer les traces d'une enfance ou d'une adolescence douloureuse d'un *abracadabra* ou d'un coup de baguette magique. Surmonter les limites d'une famille imparfaite est *votre* devoir. C'est un voyage que vous devez faire seul, en évitant les obstacles et en apprenant à vivre avec les côtés *plus ou moins* sombres de vous-même et des personnes qui vous entourent. Souvent, nos pensées obsessionnelles et autolimitatives naissent du besoin de trouver un coupable. Qui est responsable de notre souffrance ? Qui nous a fait du mal ? *Un parent, un oncle, un frère ou une sœur ?* Ainsi, plongés dans une rumination psychique *incessante* et *colérique*, nous finissons par oublier une petite et grande vérité : il importe peu que la responsabilité présumée de notre maladie soit attribuée à la mère ou au père, au grand-père ou au petit cousin. Ce qui compte, c'est la manière dont nous réagissons tous à la souffrance pour... *recommencer à vivre !* Ne plus être conditionné par la colère, la frustration et la douleur que nous ressentons à l'intérieur, dans les profondeurs de l'esprit et de l'*ego inconscient.*

Il est probable que les blessures de votre passé familial brûlent encore sur votre peau ; pourtant, en les nourrissant de pensées intrusives et de longues ruminations mentales, vous ne ferez qu'aggraver la situation. Vous les saupoudrez de sel ou de vinaigre et elles vous feront encore plus mal, provoquant une tension psychique intolérable.

Personnellement, je vous conseille de vous engager sur la voie de la libération individuelle par deux moyens : le premier, bien sûr, consiste à choisir une *thérapie.* Les psychologues et les psychothérapeutes sont les seuls alliés qui peuvent vous fournir des outils d'action sur mesure. Le deuxième joker de *paranoïa-évitement* familial est un livre qui m'a aidé à traverser une phase extraordinairement délicate de ma vie, lorsque j'ai dû faire face seul au chagrin causé par la perte prématurée de ma mère. Il s'agit de *12 règles pour la vie, un antidote au chaos,* écrit par le chercheur et conférencier d'origine canadienne Jordan Peterson et publié en Italie par la maison d'édition *My Life.* On y trouve des conseils très pragmatiques pour reprendre sa vie en main, sans combattre la souffrance causée par les autres (famille, partenaire et amis compris). Et il y a une phrase qui me tient à cœur et que j'aimerais partager avec vous, pour vous encourager à poursuivre votre lecture : "Nous apprenons à voir le monde et à agir comme les héros des histoires qui parviennent à nous captiver. Ces histoires font émerger des capacités inscrites au plus profond de notre ADN, capacités qui peuvent cependant rester en sommeil si elles ne sont pas correctement développées. Nous sommes donc des aventuriers, des amoureux, des leaders, des artistes et des rebelles qui attendent d'être réveillés, et la première étape pour y parvenir est de voir le reflet de tout ce que nous pouvons être dans les yeux de nos héros. J'aime imaginer que l'ancien professeur de Harvard nous conseille tout d'abord de quitter la zone de confort endormie dans laquelle nous avons passé une grande partie de notre vie, enchaînés à des douleurs et des humeurs négatives générées par le passé. Nous devrions plutôt nous rappeler que nous sommes des *héros* multipotentiels et talentueux, prêts à prendre leur envol pour mériter la vie dont nous avons toujours rêvé. *Sans plus de conditionnement.*

MANUEL D'INSTRUCTIONS POUR LES PERSONNES QUI RÉFLÉCHISSENT TROP ET QUI DOIVENT FAIRE FACE À DES ÉTRANGERS (NOMBREUX OU PEU NOMBREUX)

Je ne me répéterai pas : la peur d'*être jugé* ou *isolé* par nos groupes est inscrite en nous, dans notre ADN. Ceux qui écartent la question d'un haussement d'épaules en prétendant ne pas se soucier de l'opinion de leurs interlocuteurs, eh bien, ils *mentent* très probablement. Données en main, en effet, l'expérience de l'acceptation fait partie des "besoins primaires essentiels" inscrits dans la **pyramide de Maslow** - un outil d'anthropologie et de psychologie sociale, conçu dans la première moitié du 20e siècle, qui permet de comprendre les forces invisibles, les besoins et les pulsions qui conditionnent le comportement humain. La peur du jugement des autres est souvent alimentée par le corps, l'apparence physique, la situation économique dans laquelle nous nous trouvons, la nationalité, les origines et la profession que nous avons exercée à un moment donné de notre existence.

Ces paranoïas sont sous-tendues par la peur de l'humiliation, de la marginalisation et de l'exclusion d'un groupe de collègues ou d'amis. Ces états d'âme aux accents émotionnels sombres et négatifs risquent de se transformer en une forme avancée de *phobie sociale* qui, selon *Wikipedia*, peut être définie comme "un état anxieux particulier dans lequel le contact avec les autres est marqué par la peur d'être mal jugé et la peur de se comporter de manière embarrassante et humiliante". En effet, avant même Maslow et la pyramide qui porte son nom, le penseur hellénique Aristote rappelait volontiers un aspect central de la nature humaine : nous sommes des *animaux sociaux*, c'est-à-dire que nous sommes naturellement prédisposés à nous intégrer et à nous rassembler dans des groupes de congénères pour augmenter nos chances de survie.

Nos ancêtres du paléolithique avaient deviné, avant même l'apparition de l'écriture et du langage, que les chasseurs et les agriculteurs organisés en *équipes* avaient plus de chances de se tirer d'affaire que les "loups solitaires". Les organisations et les structures humaines ont toujours représenté certains groupes d'intérêt, au sein desquels les membres individuels coopèrent les uns avec les autres pour tenter d'atteindre un objectif individuel et commun. En bref, pour les hommes des cavernes (*Augh !), l'*avantage personnel coïncide avec l'avantage communautaire.

Est-ce toujours le cas ?

La réponse pourrait vous surprendre, car elle est *négative*. Aujourd'hui, la peur d'être jugé par nos pairs n'est plus associée à une question de *vie ou de mort*. Il est *temps pour nous d'évoluer*. Pensez-y un instant : l'individu isolé de tout groupe d'amis ne risque pas de mourir de faim ou d'être pris dans les mâchoires d'un tigre à dents de sabre. Nous avons des supermarchés ouverts 24 heures sur 24, accessibles à tous, que les acheteurs aient un, trois, cinq ou vingt compagnons de *"chasse".* Lorsque nous confrontons nos dynamiques associatives contemporaines aux schémas mentaux de nos ancêtres néandertaliens, nous laissons libre cours à des peurs et à des craintes totalement infondées. Nous nous comportons comme un médecin qui, bien que disposant d'équipements innovants et de stratégies futuristes, s'obstine à administrer à ses patients des concoctions et des onguents médiévaux.

Les pensées obsessionnelles tristement courantes chez les ruminateurs *extrêmes* sont alimentées par des activités cognitives primitives - *au sens propre du terme !*

Sans en être conscients, nous nous comportons comme des fermiers et des chasseurs de bétail terrifiés à l'idée de devenir le dîner d'un prédateur affamé. Nous renonçons à notre individualité et à notre singularité. Nous nous aplatissons au mode de vie des autres et finissons par vivre avec le regret de ne pas avoir mené une vie conforme aux rêves, aux valeurs et aux objectifs que nous portons en nous.

Le jeu en vaut-il la chandelle ?

Si vous continuez à subir les regards, les sourires et les jugements de vos interlocuteurs - en construisant des "châteaux de papier" remplis de pensées intrusives - comment pensez-vous pouvoir atteindre les *objectifs ambitieux que vous vous êtes* fixés ? Comment pensez-vous être pleinement vous-même, en reconnaissant l'image que vous renvoie votre reflet dans le miroir ? Trahir ses idéaux, ses rêves et ses aspirations les plus profondes pour limiter son exposition au jugement des autres est le premier pas vers un mal-être chronique et permanent. Et comme la rumination mentale se nourrit de l'humiliation, de la culpabilité et de la peur de l'échec public, je vous propose dans le prochain chapitre des conseils pratiques pour contrer vos plus grands ennemis.

Il est temps de mettre en pratique la citation de l'ancienne première dame des États-Unis, Eleanor Roosevelt *: "Rien ni personne ne peut vous faire sentir inférieur, à moins que vous ne le permettiez".*

CHAPITRE 5

Quand l'esprit se transforme en cage

Cher lecteur, dans les pages précédentes, vous avez appris à vous mettre à l'écoute des *vibrations positives* induites par la respiration diaphragmatique, de l'*ici et maintenant* et des sensations corporelles qui vous permettent de *passer de la rumination à l'action.*

Pourtant, je vous ai déjà prévenu : l'exécution d'un exercice de lutte contre les pensées obsessionnelles est généralement plus difficile et plus structurée que vous ne le pensez. Des pensées obsessionnelles peuvent surgir brusquement au cours de vos tentatives de relaxation et d'homéostasie, réglant votre canal cognitif sur une longue liste d'ondes cérébrales stressantes, négatives et inappropriées. La raison en est principalement attribuable à notre **faculté** innée **de jugement**. Celle-ci nous surveille, nous contrôle, évalue la qualité et l'acceptabilité sociale de notre comportement et - dernier point, mais non le moins important - nous place face aux deux ennemis par excellence des ruminateurs en série.

De quoi s'agit-il ?

A l'incapacité d'*accepter l'échec* et à la *manie du perfectionnisme.*

Installez-vous confortablement, servez-vous une tasse de café fumant et découvrez comment parvenir à une concentration et à une préparation mentale orientées vers le changement.

LE SUCCÈS, C'EST 99 % D'ÉCHEC - VRAI OU FAUX ?

> *"Je n'ai jamais échoué. J'ai simplement trouvé dix mille façons de faire qui ne fonctionnent pas".*
>
> Thomas Edison

C'est une erreur commune : nous pensons que la *victoire* et la *défaite* sont deux concepts antithétiques, comme le *jour et la nuit*, le *bien et le mal*, le *noir et le blanc*. Pourtant, il suffit de regarder les succès remportés par les inventeurs, les artistes, les entrepreneurs et les scientifiques d'hier et d'aujourd'hui pour se rendre compte de la règle d'or de l'*accomplissement individuel* : les échecs ne sont pas une alternative à la *victoire*, mais en sont une condition indispensable. Pensez-y un instant : les romans les plus populaires, les groupes les plus acclamés, les peintres les plus discutés, les activistes les plus influents et les PDG qui ont laissé des traces indélébiles dans la société contemporaine ont brûlé des pages et des pages de brouillons insatisfaisants, abandonné un air peu accrocheur, réalisé des idées futuristes initialement contestées par des investisseurs potentiels, et essayé - de toutes leurs forces - d'éveiller la conscience collective par des discours forts, âpres et courageux. En bref, là où beaucoup d'entre nous auraient abandonné à la deuxième, troisième, voire quatrième tentative, nos modèles - ceux que nous appelons fréquemment "repères" ou "idoles" - sont en fait des DOC têtus. Je veux parler des personnes qui ont su transformer la *banalité des erreurs en un* produit, une idée ou une œuvre d'art qui a ému, enthousiasmé, fait réfléchir et laissé sans voix leurs contemporains et les générations à venir. En résumé, la condition sine qua non pour transformer votre tension psychique désagréable en *projets et actions* à fort impact est... *le courage d'échouer !* Je veux parler du désir de se salir les mains, de repartir *de zéro une,* deux ou trois fois, d'expérimenter et - pourquoi pas ? - d'accepter la critique avec les yeux toujours rivés sur le sommet.

Pour réussir, je vous invite à mettre en pratique les trois conseils *pro-échec* que j'ai utilisés par le passé pour me libérer de la peur (totalement insensée) de commettre un faux pas dans ma vie affective, professionnelle et familiale.

- Célébrez vos *dérapages existentiels*. S'il est vrai que les échecs sont le coup de pouce dont vous avez besoin pour vous rapprocher de vos grands objectifs, prenez la bonne habitude de "*prendre les revers à revers*" : transformez-les en cadeaux inattendus et en qualités dont vous pouvez vous vanter, et non en raisons d'avoir honte ou d'être humilié. Vous pourriez consacrer une page de votre carnet *anti-pensée* à la liste des *gaffes que vous* avez glanées au cours de vos progrès en matière de *résolution de problèmes*, de créativité, de bien-être mental et d'épanouissement personnel.

- *Echouer plus souvent = augmenter les chances de réussite*. Plus vous accumulez les *échecs* dans la poursuite de nouvelles activités, plus vous avez de chances d'atteindre des objectifs ambitieux et stimulants. La prochaine fois qu'un refus, un "non" ou une porte au nez menace de saper la détermination avec laquelle vous poursuivez vos objectifs, arrêtez-vous, comptez jusqu'à dix et demandez-vous *: "Ai-je vraiment reçu un millier de "non" comme je le pense, ou suis-je plus simplement terrifié par l'échec ?*

- Pour réussir, *changez vos schémas de pensée*. Repetita iuvant : chaque fois que nous sommes en contact avec un objectif existentiel à court ou à long terme, nous tombons dans l'erreur de croire que le *succès* et l'*échec s'*excluent mutuellement. Ce n'est pas le cas. Il n'y a pas une route parsemée de victoires *faciles* et une longue route sombre et ascendante, peut-être hantée par les fantômes de la défaite, de l'humiliation et du "*essaie encore, tu auras plus de chance*". La bifurcation en question est le résultat d'un schéma cognitif (déformé) ancré en nous. Pourtant, notre vie n'est ni un *jeu vidéo ni* un examen universitaire que l'on réussit ou que l'on rate.

Avant même de vous conformer aux *canons* et aux *critères de la société contemporaine* dans l'espoir de monter triomphalement dans le train des vainqueurs, vous vous répétez un concept qui a déjà été répété à propos des *visions dysfonctionnelles* produites par l'esprit humain. Le manque d'estime de soi et d'efficacité personnelle vous fait croire que tout le monde (sauf vous) est capable de se marier, d'obtenir un diplôme, de gagner beaucoup d'argent, d'élever des enfants et d'obtenir la promotion professionnelle tant attendue. En réalité, le collègue dont vous admirez le talent sur le lieu de travail pense qu'il est un raté avec un *grand F à cause de* quelques kilos en trop qu'il s'efforce de perdre à force de régimes et de séances de gymnastique. Ou encore, la *super-maman* ou le *super-papa qui fait tout ce qu'il peut pour* assurer le meilleur à ses petits à la maison peut être victime d'un épuisement professionnel qui l'empêche d'affronter les journées avec sérénité. Vous comprenez ce que je veux dire ? La *victoire* est *une illusion d'optique ; elle* ne concerne qu'un des cent mille éléments existentiels qui contribuent à la formation de l'individu. Et je suis sûr que si vous interrogiez seulement vos amis, votre famille et vos collègues de travail, vous découvririez que vous êtes considéré comme un prodige dans l'activité x ou y, dans le sport, la musique, la cuisine, l'apprentissage des langues, la gestion des conflits, la capacité à résoudre les problèmes de manière créative, l'audace, l'ambition ou la générosité... *et j'en passe !*

En résumé, le *véritable succès* réside dans la capacité **A)** de reconnaître les qualités intérieures qui nous sont inhérentes, interrompant ainsi un *cercle vicieux de pensées humiliantes et autolimitatives. En* outre, l'amélioration individuelle coïncide **B)** avec la capacité d'emprunter la voie d'une évolution lente mais régulière. Il faut apprendre à s'écouter et à se comprendre *pas à pas*. Ce n'est qu'ainsi, avec un peu de pratique, que vous pourrez vider les échecs de leurs connotations négatives et les transformer en prérequis pour entrer dans la peau de l'homme ou de la femme que vous avez toujours rêvé d'être.

SOS PERFECTIONNISME ! QUELQUES CONSEILS PRATIQUES POUR APPRENDRE À PROFITER DE LA VIE

> *"Je voulais la perfection et j'ai gâché ce qui était bon".*
>
> Claude Monet

Perfectionnisme – aka – c'est-à-dire le fait de se convaincre que ce que nous disons, créons, faisons et partageons avec nous-mêmes et nos interlocuteurs n'est jamais *assez bon*. Parmi les ruminateurs en série, ceux qui sont touchés par le fléau *supplémentaire du* perfectionnisme ont du mal à traduire l'activité cognitive en action. La raison en est facile à deviner : les normes, les idéaux et les attentes des individus susmentionnés s'élèvent même au-dessus de l'Everest et des plus hauts gratte-ciel du monde. Et lorsque la prise de conscience qu'ils ne sont pas assez bons, pas assez intelligents, pas assez créatifs, pas assez originaux, pas assez innovants (et j'en passe) s'insinue dans leur esprit, eh bien, les perfectionnistes doivent faire face à un glissement de terrain, à une *chute morale* bien plus douloureuse que celle subie par leurs amis et collègues.

Dans la grande majorité des cas, les perfectionnistes abordent donc la vie de manière *épique*. Ils ont l'impression de porter une armure étincelante pour accomplir des missions dignes d'un roman d'aventures - un peu comme si le sort de l'humanité dépendait de la qualité de la présentation PowerPoint à livrer le lundi matin ! Ainsi, presque sans s'en rendre compte, ils se lancent dans des tâches déraisonnablement complexes, ajoutent des éléments inutiles et élaborent des projets labyrinthiques auxquels ils consacrent souvent 80 à 90 % de leur énergie psychique disponible.

En bref, si je devais résumer l'identité d'un perfectionniste en quatre *points clés*, je ne pourrais qu'attirer votre attention sur quelques caractéristiques récurrentes :

- *Sous-estimer la difficulté des projets* Je voudrais vous raconter une petite histoire tirée de ma propre expérience.

Je me souviens comme si c'était hier du jour où un cher collègue (également *perfectionniste au DOC)* - malgré mes tentatives de raisonnement - pensait pouvoir entrer en contact avec une maison d'édition de renommée nationale en passant quelques coups de fil. A mon "Je doute fort que ce soit aussi simple...", il a répondu d'un ton piqué : "Il *faut que* ce soit, il est inconcevable que notre livre n'ait pas l'écho médiatique qu'il mérite". Dans son esprit, après tout, le projet d'entreprise sur lequel il avait passé des jours et des nuits (blanches) était comparable à un grand chef-d'œuvre littéraire - au même titre que *Crime et Châtiment* ou *Les Misérables* - et n'était pas représenté à ses yeux par ce simple livret contenant *101 façons d'augmenter le nombre d'abonnés à une lettre d'information* - oui, je travaillais dans une agence de marketing et de publicité à l'époque.

- *Se fixer des objectifs hors de portée.* Un exemple ? Les perfectionnistes qui arpentent les bibliothèques et les amphithéâtres des universités pour décrocher le fameux "30 cum laude" ont une vision irréaliste du temps nécessaire pour mener à bien leurs engagements. "Ce week-end, je vais écrire une vingtaine de pages pour ma thèse..." - pense le ruminateur *boulimique de travail,* ignorant qu'il n'a jamais écrit plus de cinq pages par jour et qu'il ne dispose pas d'assez de temps pour atteindre l'objectif souhaité.

- *Diviser le monde en noir et blanc*. L'aspect en question est indissociable de la *peur de l'erreur* que je me suis efforcé de mettre en évidence dans les pages précédentes. Pour les perfectionnistes, les questions existentielles se divisent entre la *réussite totale* et l'*échec total.* Ils ne comprennent pas l'importance de commencer, de faire un premier pas timide dans la direction du changement. Ils veulent tout réussir tout de suite, sans se rendre compte que la réalisation d'une micro-partie de travail chaque jour est largement suffisante pour mener à bien leurs tâches de manière cohérente. En ce sens, le perfectionnisme prend la forme de la *procrastination* et de la conviction intellectuelle de *ne pas être à la hauteur*.

- Enfin, *rejeter l'expérience du progrès graduel*. Une semaine avant d'envoyer à l'imprimerie le livre que vous tenez entre vos mains, j'ai rencontré un ami de longue date dans un charmant café situé dans les rues du centre-ville. Il s'est approché de moi avec un sourire en coin, m'invitant à m'asseoir avec lui pendant un moment. C'est ainsi qu'après lui avoir révélé que j'avais terminé la rédaction de mon premier manuel pratique sur l'overthinking, je le vois bondir sur sa chaise d'un air excité : "Je n'arrive pas à y croire ! Je ne vous cache pas que j'ai un peu envie... J'ai toujours voulu publier un roman, mais pour une raison ou une autre, j'ai abandonné le projet". Je décide d'enquêter, dans l'espoir d'être utile. Je découvre alors que mon interlocuteur souffre - *hélas* - de la manie littéraire du perfectionnisme, si j'ose dire. Il tombe dans l'erreur de croire que les efforts créatifs doivent être fabuleux. Il s'approche de la page blanche de Word en ruminant dans sa tête : *"Le premier jet tapé sur ce document doit être fantastique".* Cette catégorie de pensées auto-limitantes est plus ou moins consciente. Souvent, nous pensons que nous sommes interrompus ou gênés par d'autres personnes - le facteur qui sonne à l'interphone pour livrer un colis, le déjeuner sur la cuisinière, le chien qu'il faut promener et les enfants qu'il faut coucher. La vérité est que chaque étape initiale d'un projet à long terme est par nature brute, impartiale et perfectible. Et c'est bien qu'il en soit ainsi, car cela nous permet d'essayer à nouveau, d'évoluer, de nous améliorer et de trouver la bonne dimension d'expression (dans la famille, au travail ou dans nos loisirs).

Cher lecteur, si en lisant les quatre points ci-dessus vous n'avez pu vous empêcher de penser "Oups, ce n'est que moi !", j'ai une bonne nouvelle pour vous. Selon Hillary Retting dans *The 7 Secrets of the Prolific : The Definitive Guide to Overcoming Procrastination, Perfectionism, and Writer's Block* (publié par Infinite Art), le seul outil vraiment efficace pour se débarrasser des obsessions du perfectionnisme est la capacité à remplacer les idées dysfonctionnelles par des stratégies cognitives fonctionnelles.

Revenons à l'exemple de notre étudiant imaginaire qui a du mal à rédiger sa thèse :

- **Idée dysfonctionnelle** : "Ce week-end, je vais écrire cinquante pages de ma thèse. Et je dois le faire du mieux que je peux, parce que je n'ai pas beaucoup de temps pour éditer et relire le premier jet !".

- **Perception émotionnelle liée à la croyance dysfonctionnelle** : "Si je ne parviens pas à atteindre cet objectif, je peux me considérer comme un fainéant et un raté". La perception émotionnelle liée à la croyance dysfonctionnelle augmente la tension désagréable dans le psychisme et met à mal l'équilibre homéostatique.

- **Pensée fonctionnelle** : "Étant donné que j'écris lentement et que j'ai d'autres engagements, je vais écrire dix pages par jour pendant le week-end et les relire attentivement avant le cours du lundi".

En d'autres termes, j'aimerais réitérer que vous avez la capacité de *gouverner vos pensées intrusives et perfectionnistes*. Pour réussir, vous devez d'abord interrompre la boucle des objectifs dysfonctionnels afin de les remplacer par leurs équivalents plus sains, plus réalistes et plus cohérents avec votre potentiel. Ce processus peut sembler forcé au début, mais avec le temps, vous vous rendrez compte que vous reconnaissez l'apparition de la pensée perfectionniste aux sous-entendus émotionnels auxquels elle est associée (généralement l'anxiété de performance, la frénésie, la peur de ne pas être à la hauteur et la colère réprimée).

Ah, soyons clairs : ne poursuivez pas l'objectif (tout aussi perfectionniste) de vous débarrasser du perfectionnisme du jour au lendemain. *Vous avez besoin de temps et, surtout, d'un espace mental qui vous permette d'échouer, de vous améliorer et d'essayer à nouveau.*

CHAPITRE 6

Une journée en tant qu'(ancien) penseur excessif : une routine du matin au soir pour dire adieu aux pensées excessives

"Driiin, driiin, driiin"

Le son du réveil frappe vos neurones avec la même intensité qu'un crochet lancé par un boxeur, vous laissant pantois.

Quelle heure est-il ?

Indépendamment de la routine quotidienne et des montagnes russes du *travail universitaire* qui vous attendent dans les dix ou douze heures à venir, il est temps de s'offrir une journée de bien-être, de sérénité mentale et de motivation intrinsèque. Pour dire adieu à la rumination mentale qui vous oblige à penser trop (et inutilement), sortez du lit, préparez-vous une tasse de café fumant et découvrez quelles bonnes pratiques anti-rumination peuvent transformer votre routine *(pour le meilleur)*.

Attention, attention : mon intention n'est pas de vous suggérer d'appliquer toutes les méthodes ci-dessus d'*heure en heure*. Soyez à l'écoute de votre corps et comprenez vos besoins réels. Ce qui suit est un *schéma simplifié, c'est-à-dire une* tentative de résumer de manière ludique et stimulante certains des outils de *prévention de la paranoïa qui peuvent vous* être utiles. N'oubliez pas de personnaliser et de diversifier leur application en fonction de vos besoins, afin de ne pas transformer le désir d'amélioration en une source de stress et d'obsession sui generis.

Certaines stratégies peuvent être utilisées de manière proactive - avant même l'apparition de *boucles intrusives* - tandis que d'autres vous fourniront des éléments utiles pour réagir rapidement aux trous de mémoire. Dans l'ensemble, ces techniques vous inculqueront la conviction que vous avez la capacité de reprendre le contrôle de l'activité cognitive à tout moment, ce qui vous permettra de retrouver une certaine détente, la santé et l'équilibre dans votre vie.

Bref, quel que soit le problème (imaginaire ou réel) qui vous guette, vous êtes sûr de trouver un outil vraiment efficace pour faire face aux obstacles et faire taire le marmonnement incessant dans votre tête - *qui, à bien y penser, fait penser à une cocotte-minute sur la cocotte* !

MATIN

07:00 - La journée commence par dix minutes de respiration zen. L'oxygène dynamise le corps et active le cerveau, vous laissant une agréable sensation de chaleur et d'énergie. Pour soulager le stress qui frappe à la porte de votre esprit dès les premières heures du matin, pensez à pratiquer trois stratégies de respiration diaphragmatique scientifiquement prouvées :

- **Respiration 4-7-8** : Conçue par le Dr Andrew Weil, elle consiste à inspirer par le nez tout en comptant mentalement jusqu'à *quatre*, à tenir jusqu'à *sept* et à expirer jusqu'à atteindre le chiffre *huit*. Répétez l'exercice pendant quelques minutes jusqu'à ce que vous ressentiez un état de relaxation et de bien-être en vous.

- **Box** *Breathing* - se traduit en italien par "*respiration carrée*". Le praticien inspire en comptant mentalement jusqu'à *quatre,* retient sa respiration jusqu'à *quatre* et expire à nouveau jusqu'à *quatre*. Cet exercice est particulièrement utile lorsque l'anxiété et le stress ralentissent la respiration ou accélèrent le rythme cardiaque.

- **Respirer les lèvres fermées**. Pour réduire la sensation de manque d'air induite par la rumination mentale, serrez les lèvres et inspirez lentement en comptant jusqu'à *deux*. Ensuite, contractez votre bouche comme si vous vouliez émettre un sifflement et expirez lentement en comptant jusqu'à *quatre ou cinq*. Répétez le schéma respiratoire jusqu'à ce que le rythme respiratoire revienne à la normale.

10:30 - Rechargez vos batteries avec un moment de "*rien*". Qu'il s'agisse d'une pause au travail ou d'une pause entre deux cours, laissez votre téléphone dans votre poche - éventuellement *en mode avion* - et embarquez pour un vol qui vous mènera *directement* au *pays de l'ennui. Comme le* dit Pavel Tsatsouline, instructeur en arts martiaux orientaux : *"La plupart des gens vivent sans savoir comment alterner entre les états de marche et d'arrêt. Peu d'entre eux sont capables de s'allumer et d'émaner une grande puissance, ou de s'éteindre pour profiter pleinement du repos".* Je ne peux qu'être d'accord avec le point de vue du Maître. Pensez-y un instant : quand vous accordez-vous un peu de temps pour débrancher ? Et non, consulter ses mails sur son téléphone, faire défiler les Stories de ses amis sur Instagram ou regarder le dernier épisode de sa série préférée sur Netflix dans le métro, ce n'est pas détendre son cerveau. Loin de là. Nous ne cessons de charger notre activité cognitive d'inputs (plus ou moins agréables) qui finissent par nous hyper-stimuler. Alors, une à deux fois par jour, prenez la bonne habitude de vous réserver dix à quinze minutes de...

... NE FAITES RIEN (et absolument RIEN).

Débranchez. Laissez de côté vos objectifs quotidiens. Accordez-vous un moment pour vous-même, en oubliant le rendez-vous chez le coiffeur ou la réunion d'affaires prévue dans deux heures. Après tout, il ne s'agit que de dix minutes - quel mal y aurait-il à cela ? La Terre continuera de tourner à la vitesse habituelle de *1 700 km/h,* et il importe peu que vous soyez stressé ou en paix avec le monde.

Apprendre à ralentir vous permettra de décider *quand* et *pourquoi* accélérer, maximisant ainsi le rendement de vos énergies psychiques.

12:00 - Vous n'avez pas un petit creux ? La pause déjeuner symbolise le premier tournant de votre journée d'ex-penseur. Alors, tout en dégustant un toast aux quatre fromages, une part de pizza ou un délicieux risotto aux champignons, prenez le temps de... *ressentir !* Vous vous souvenez des exercices corporels "ici et maintenant" ? Ils se concentrent moins sur les perceptions émotionnelles que sur les perceptions physiques, pratiques et tangibles. Ils réduisent ainsi le stress imaginatif - celui qui provoque une tension cognitive qui ne peut être évacuée par l'action. Les outils de reconnexion sont très importants ; ils portent en eux une vérité *avec un grand V* : l'agitation de notre esprit provient de la prétention à faire... *quelque chose qui ne peut pas être fait !* Il suffit de se recentrer sur un élément à la fois pour se sentir bien et préserver l'équilibre homéostatique tant recherché.

Le point est central : nous, enfants de la contemporanéité et du 21e siècle, sommes bercés par l'illusion que nous sommes multitâches. Nous préparons un gâteau, répondons aux courriels du travail, vérifions que les enfants ne mettent pas le feu à la maison et que notre partenaire a payé la facture d'électricité avant la date d'échéance. Tout cela *en même temps.* Désolé de vous décevoir, mais notre cerveau n'est pas programmé pour se comporter comme un *robot polyvalent.* Ce que nous appelons généralement le *multi-tasking est en* fait une forme de *switch-tasking,* c'est-à-dire l'habitude (malsaine et épuisante) de passer d'une pensée à l'autre en une fraction de seconde.

Certes, la norme sociale est d'effectuer deux, trois, quatre, voire cinq *micro-tâches* simultanément, mais le *tourbillon de* nos pensées alimente ainsi le "singe fou" responsable de l'overthinking. Tout outil de prévention de la rumination est réduit à néant dès l'instant où l'on s'obstine à se perdre dans une jungle très dangereuse de nombreuses (trop nombreuses) lucubrations psychiques.

Ainsi, pendant que vous buvez un café ou que vous savourez un déjeuner copieux, apprenez à vous recentrer sur ce que vous *entendez : les* saveurs, la musique au loin, un léger mal de tête ou peut-être le "*bruit de mâchoire*" de votre collègue de bureau qui grignote son sandwich avec voracité. Soyez dans l'*ici et maintenant*. Soyez *présent à vous-même*. Vous constaterez que chaque stratégie d'amélioration anti-multitâche a le pouvoir de stimuler la productivité, d'accroître la clarté mentale et de vous laisser le soir avec un sentiment de satisfaction et une énergie résiduelle à consacrer à vos proches ou à vos passe-temps.

APRÈS-MIDI

15:00 - *Mon cher lecteur, ma chère lectrice*, alors que vous êtes envahi par une agréable somnolence *post-déjeuner*, interrompez la monotonie de l'après-midi par un *exercice d'aérobic* - oups, je voulais dire, de *neurobic*. De nos jours, nous sommes obsédés par la forme physique ; nous nous soucions d'avoir des abdominaux sculptés dans le marbre, mais nous oublions de "mettre notre cerveau en forme". Résultat ? Nous sommes des athlètes olympiques dans notre corps, mais nos énergies psychiques sont sous-entraînées. Les journaux, les médias et les réseaux sociaux le répètent : pour être en bonne santé, productifs et heureux, nous devons faire de l'exercice, éradiquant ainsi le virus de la sédentarité. Cette hypothèse est certainement vraie. Pourtant, en l'absence d'un bien-être somatique soutenu par une excellente santé mentale, nous sommes condamnés à nous sentir "*épuisés*". Oui, même si nous sommes sur le point de courir le *marathon de New York* ou d'*Athènes*. En outre, il est fort probable que vous ayez lu un article de journal dans lequel je ne sais quel neurologue compare le cerveau à un muscle. Les études menées sur le fonctionnement de l'esprit ne laissent planer aucun doute : *si nous n'utilisons pas nos facultés cognitives, nous les perdons.* Oui, comme les abdominaux qui vous ont coûté des efforts et de la sueur ! Et ne faites pas l'erreur de croire que l'entraînement cérébral se limite à la semaine des puzzles ou à un Sudoku numérique. *Nous pouvons faire mieux que cela, n'est-ce pas ?*

C'est ici que l'*activité neurobique entre en* scène dans le cadre du bien-être holistique. Le terme a été inventé par deux neurobiologistes américains, Lawrence Katz et Manning Rubin, dans un brillant manuel de développement individuel : *Fitness of the Mind. Exercices de neurobiologie pour entraîner le cerveau et améliorer la mémoire* (publié par Red Editions). Son collègue Don MacPherson rappelle : "Auparavant, on pensait que le nombre de cellules cérébrales, les neurones, était "encapsulé", c'est-à-dire que l'on naissait avec un certain nombre de neurones qui restaient inchangés tout au long de la vie. Les recherches de Katz et Rubin ont montré au contraire que, comme d'autres composants de l'organisme, le cerveau est capable de produire de nouvelles cellules qui, en s'intégrant aux cellules existantes, contribuent à son fonctionnement global. La neurobique consiste essentiellement à stimuler la capacité naturelle du cerveau à produire de nouveaux neurones par la sécrétion de **neurotrophines**, communément appelées "aliments pour le cerveau". Ces neurotrophines appartiennent à la catégorie plus large des acides aminés (protéines) qui, transportés par le sang d'un bout à l'autre du corps, permettent aux cellules cérébrales de survivre.

Vive les neurones !

Comme vous pouvez le deviner, les exercices neurobiques favorisent l'augmentation des neurotrophines afin de limiter l'involution de l'activité cognitive. Et si vous vous demandez pourquoi nous sommes tous - *sans exception* - confrontés à la menace d'une *régression cérébrale*, la raison est à chercher dans le mode de vie facilité, hi-tech et simplifié dont nous ne pouvons plus nous passer.

En bref, les hommes des cavernes étaient *moins efficaces* sur le plan pratique, mais plus incisifs lorsqu'il s'agissait de *résoudre des problèmes*, de faire preuve d'intuition et d'expérimenter. Preuve en est le déclin progressif des cinq sens que nous utilisons pour "survivre" en société ; là où les Néandertaliens prenaient la peine de les entraîner dans leur intégralité, nos contemporains utilisent presque exclusivement la *vue* et l'*ouïe*. La raison en est avant tout le rythme *hyper frénétique de la* vie quotidienne moderne, conditionnée par des kilomètres et des kilomètres de routes asphaltées, de coulées de béton portant le nom de *parkings* et de boîtes surmontées de quatre murs dans lesquelles nous passons l'essentiel de notre routine (à l'école ou au travail). Bref, le *toucher, le goût et l'odorat* ne nous servent plus à "sentir" la présence d'un loup affamé ou à "renifler" la présence d'un champignon vénéneux dans notre soupe.

Vous serez intéressé d'apprendre que les exercices neurobiens développés par Lawrence Katz et Manning Rubin vous invitent à utiliser les cinq sens à parts égales.

Post-Scriptum : il n'est pas nécessaire d'entraîner son esprit avec la rigueur d'un moine tibétain ou d'un physicien quantique en herbe. Aussi contre-intuitif que cela puisse paraître, la neurobique nous invite à regarder les illustrations et les textes imprimés à l'envers, à subvertir l'ordre spatial de nos objets, à lire à haute voix de manière expressive et à atteindre des états de concentration profonde à l'aide d'une playlist *spécialement* créée *à cet effet.*

Curieux d'en savoir plus ?

- Commencez par les bases. Pendant une semaine, changez le poignet auquel vous portez votre montre.
- Écrivez un message sur WhatsApp avec votre main non dominante.
- Observer les photographies et les illustrations à l'envers.
- Habillez-vous les yeux fermés, afin d'améliorer les capacités tactiles et visuelles de l'esprit.

- Marchez à reculons dans la maison (mais n'oubliez pas de quitter le salon avant de vous tester).
- Déchiffrer l'heure dans le miroir (c'est-à-dire inversée).
- Apprenez trois nouveaux mots dans la journée et essayez de les utiliser dans vos futures conversations. Par exemple : "Bien sûr que ton ex-petit ami est une vraie *crapule*", "Arrêtez de parler de la météo, c'est un sujet *qui va de soi...*", ou "Regardez la table *somptueuse que* nous avons ici ! *Vous allez impressionner vos interlocuteurs, c'est garanti !*
- Peignez ou brossez-vous les dents avec votre main non dominante.

Les **avantages de la neurobique** vont de l'augmentation des neurotrophines susmentionnées à la formation de synapses ex novo, en passant par la stimulation des réseaux neuronaux.

Amusez-vous bien !

18:00 - Prendre soin de la combinaison *corps-esprit. La* journée de travail touche à sa fin et vous êtes passé de la respiration diaphragmatique *paranoïaque* aux bienfaits psychiques de l'*ici et maintenant. Les* outils en question laissent des traces tangibles sur le SNA (Système Nerveux Autonome), responsable de la gestion plus ou moins consciente de la respiration, de la circulation sanguine, de la digestion et des réactions d'*attaque ou de fuite nécessaires à* la survie de l'individu et de l'espèce.

Ce n'est pas tout : le système nerveux autonome forme en effet un lien indissoluble avec le **système immunitaire** implanté dans le corps. Je ne pense pas que ce dernier ait besoin d'une présentation approfondie. Il suffit de dire que le *système immunitaire* nous défend contre les virus, les bactéries et les agents pathogènes externes grâce aux *T-killers*, une sous-catégorie cellulaire qui bloque les infections et ralentit le processus naturel de dégradation et de vieillissement.

En outre, comme le système nerveux autonome et le système immunitaire fonctionnent en parallèle, il convient de souligner que l'élimination des pensées intrusives et l'atteinte d'un état de *concentration profonde* permettent de renforcer l'organisme dans son ensemble, c'est-à-dire de *manière holistique.*

La question se pose donc : est-il vraiment possible d'activer sur commande cette concentration exclusive et incassable comme la surface d'un diamant, nécessaire pour améliorer à la fois les performances mentales et les mécanismes de défense des cellules tueuses T ?

La réponse est oui, et implique l'utilisation de ce que l'on appelle les **sons binauraux**.

Il s'agit de *rythmes,* de morceaux de musique et de sons joués de manière répétée dans le temps, avec une fréquence inférieure à 1500 Hz et une différence inférieure à 30 Hz. Écoutés dans des écouteurs, ils ont le super pouvoir de réduire l'intensité des distractions psychiques qui nous empêchent de concentrer notre attention sur une seule tâche à la fois. Comme si cela ne suffisait pas, certaines entreprises *fournissant des sons* binauraux - comme l'équipe de *Brain.fm* en premier lieu - ont publié de nombreuses preuves scientifiques pour prouver ce qui suit : l'électroencéphalogramme des sujets exposés aux sons binauraux révèle une augmentation des oscillations neuronales situées dans les zones du cerveau responsables *de l'attention.*

En d'autres termes, une liste de lecture musicale *ad hoc* peut vous aider à retrouver votre concentration lorsque la fatigue et les pensées intrusives entravent vos études, votre travail, votre formation ou vos séances de relaxation. Les ondes susmentionnées ont également un impact bénéfique dans les phases précédant l'endormissement. Des données disponibles montrent que l'activité cérébrale exposée aux sons binauraux augmente d'environ 27 % pendant la phase de sommeil lent, au cours de laquelle les souvenirs déclaratifs de la journée (événements, listes, dates ou informations apprises dans les livres scolaires) sont traités.

Autant essayer, non ?

L'impact à court et à long terme des sons binauraux vous permettra non seulement de dire bye *bye à la* mauvaise habitude du multitâche, mais aussi de renforcer votre capacité à influencer votre système immunitaire en améliorant le SNA.

20:00 - Vous avez fermé la porte d'entrée derrière vous, fatigué et endormi par vos (dés)aventures quotidiennes. Il est temps de vous détendre, de faire le bilan de la journée et de vous consacrer à des hobbies et des passions parallèles à vos activités d'études et de travail.

Ne pensez-vous pas qu'il manque quelque chose ?

Ah, oui, le dîner !

Le lien entre la **santé mentale et la nutrition** est indissociable. On trouve sur le web des centaines et des centaines d'articles sur les suppléments, les aliments miracles et les recettes magiques qui promettent d'entraîner le cerveau et d'améliorer les capacités de la mémoire. N'étant pas nutritionniste, je n'ai pas l'intention de vous donner des stratégies alimentaires pour compléter vos protocoles nutritionnels. Je vous rappellerai simplement l'importance de prendre chaque jour de nombreuses petites *collations* (saines) afin d'assurer un flux continu de *glucose vers le cerveau*. Ce n'est qu'à cette condition que l'organe le plus sollicité du corps pourra fonctionner correctement, même après de longues heures de concentration.

Parmi les aliments *incontournables* à ajouter à votre garde-manger, je citerai simplement :

- Le pouvoir des **épinards** et des légumes à feuilles vertes. Les légumes en question sont riches en *vitamine K* qui, bien qu'on en parle moins que les *vitamines A, B et C*, ralentit le déclin des capacités cognitives, prévient la maladie d'Alzheimer et réduit drastiquement les difficultés de concentration chez les jeunes et les personnes stressées. Pour en savoir plus, je vous recommande la lecture de l'étude publiée par des chercheurs de l'*université Rush de Chicago sur le* repas (aussi) préféré de Popeye !

- La fonction *éternelle* des **œufs**. À la coque, au plat ou à la poule. Vous pouvez les cuisiner comme bon vous semble, peut-être en vous convertissant au "breakfast" *britannique* qui les sert le matin sur deux tranches de pain grillé. Selon la position de neurobiologistes travaillant à l'*université de Tufts,* cet aliment combat en effet la perte de mémoire et le déclin des performances cognitives. La raison en est le rôle de la *zéaxanthine* et de la *lutéine,* qui influencent positivement la capacité à maintenir un niveau d'attention élevé pendant de longues périodes.

- Rendons votre journée un peu plus douce avec les bienfaits du **chocolat noir** (de qualité), un en-cas qui peut créer une certaine dépendance, d'autant plus si vous êtes un adepte des *en-cas sucrés*. De nombreuses études montrent l'impact de cet aliment sur les états inflammatoires de l'organisme et sur les capacités mnésiques des sujets impliqués dans les expériences. Une fois de plus, la présence de *flavonoïdes, dont l'*activité antioxydante est également responsable de la bonne humeur et de l'augmentation de l'énergie mentale, donne un coup de fouet à notre esprit. *A consommer avec modération !*

- Enfin, ajoutez une portion de **poisson gras** à votre liste de courses. Les bienfaits des oméga-3 et des oméga-6 sont aujourd'hui bien connus du grand public. D'une part, ils protègent les neurones contre le vieillissement - mais aussi contre le délabrement psychique responsable d'un mauvais fonctionnement du cerveau. *D'ailleurs, n'oubliez pas de faire* *les exercices de neurobic !* - et, d'autre part, ils accélèrent l'apprentissage et le développement des capacités cognitives chez des sujets fatigués par de longues expositions à des états d'anxiété et de stress.

Dans tous les cas, un entretien avec votre médecin et/ou diététicien vous permettra d'en savoir plus sur la façon de transformer les habitudes alimentaires dont vous avez besoin pour libérer votre corps et votre esprit des pensées obsessionnelles (et de leurs effets sur votre organisme) avec un *couteau et une fourchette !*

NUIT

22:30 - *Baillez !* Je ne sais pas ce qu'il en est pour vous, mais moi, j'ai les larmes aux yeux à cause du grand nombre de bâillements qui précèdent une nuit de repos ! Notre journée d'*ex-penseur* est (presque) terminée, et les nouvelles habitudes intégrées à notre routine quotidienne risquent de nous donner beaucoup de matière à réflexion. Pour s'aérer l'esprit avant de se jeter sous la couette avec l'élégance d'un plongeur olympique, il est bon de se plonger dans le fonctionnement de quelques outils qui permettent de mieux roupiller... *pour se réveiller le matin plein d'énergie !*

- Si un esprit trop réfléchi n'arrête pas de bavarder même lorsque la lune brille dans le ciel, il est important de mettre en œuvre quelques stratégies pour désamorcer la rumination de l'esprit. **Numéro 1** : pratiquer la respiration *zen* ou toute autre forme de respiration diaphragmatique en comptant. Numéro **2 : se tenir à l'écart des** appareils technologiques. Je sais, la tentation est grande de mettre le nez sur la page d'accueil de Facebook ou de TikTok. Pourtant, lire une dizaine de pages, écouter de la musique ou mettre à jour son *carnet de notes* permet de mettre en sourdine le marmonnement de son cerveau de manière plus rapide et plus fonctionnelle. *Essayez pour y croire !* **Numéro 3** : trouvez un rituel nocturne qui *trompe* le "singe fou" qui vous empêche de vous détendre. Un exemple ? En consacrant vingt minutes de votre temps à une routine *pré-sommeil*, vous habituerez votre cerveau à reconnaître le moment où vous êtes prêt à glisser doucement au pays des rêves. À cet égard, il peut être utile de maintenir un rythme circadien inchangé même pendant le week-end, lorsque vous avez tendance à passer la nuit sur le canapé, à manger des chips et à organiser un marathon de séries télévisées jusqu'à l'aube.

- *Vous avez déjà la tête sur l'oreiller, mais l'agitation cérébrale se poursuit sans interruption ?* Le premier conseil qui vous permettra de trouver le sommeil est... d'*arrêter d'essayer IMMEDIATEMENT !* "Mais comment ? - direz-vous. "Cela ne me semble pas être une stratégie utile ! Eh bien, aussi contre-intuitif que cela puisse paraître, c'est pourtant le cas. S'efforcer d'accélérer la phase d'endormissement n'a aucun effet sur le psychisme. Bien au contraire. Elle mobilise cette énergie dormante qui produit de l'adrénaline, avec pour conséquence que le sujet se réveille de plus en plus. L'endormissement est un *processus naturel* qui nécessite d'atteindre un état de relaxation sûr et profond. Quelle que soit la technique de respiration diaphragmatique que vous préférez, restez ancré dans la perception du corps. Vous pouvez imaginer un mince filament d'énergie *multicolore* rayonnant à travers chaque pore de votre peau, atteignant vos extrémités somatiques et se centralisant dans votre poitrine ou votre cœur. La pratique en question s'appelle le

balayage corporel et a des racines anciennes. Elle vous permet d'atteindre un état de dissociation dans lequel vous restez immobile dans l'ici et maintenant en admirant le flux d'air (et ses effets sur l'organisme).

- Si la méditation n'apporte pas les résultats escomptés, ne levez pas le drapeau blanc et ne vous sortez pas de la tête l'idée malsaine d'aller à la cuisine pour vous préparer un en-cas (pour la énième fois) ou d'allumer l'écran de votre smartphone (pour la trillionième fois). Au lieu de cela, mettez en œuvre la stratégie du **film hollywoodien**. Imaginez-vous derrière la caméra pour écrire, diriger, tourner et monter un clip sur vous, alors que vous êtes allongé dans votre lit en pyjama, l'air détendu et épanoui. Ou encore, laissez libre cours à votre *verve créative* et placez-vous sur une magnifique plage des Caraïbes - tandis que la brise fraîche ébouriffe vos cheveux - ou peut-être dans le fauteuil à bascule d'un chalet de montagne, les pieds au chaud près d'une cheminée crépitante ! Ajoutez des détails vivants et familiers, concentrez-vous sur une odeur réconfortante liée à votre enfance ou à votre chéri(e), et gardez le contrôle de vos pensées jusqu'à ce que vous ayez l'impression de vous endormir doucement.

ZZZ !

Sh, ne faites pas de bruit !

CHAPITRE 7

Trop penser selon la science

Cher lecteur, avez-vous déjà entendu parler du paradoxe du réverbère ? La petite histoire, tirée de *Instructions for Making*

Yourself Unhappy[2] de Paul Watzlawick - philosophe et psychologue autrichien d'origine américaine - est la suivante : "Sous un réverbère se trouve un ivrogne qui cherche quelque chose. Un policier s'approche et lui demande ce qu'il a perdu. Ma clé", répond l'homme, et tous deux se mettent à la chercher. Après avoir cherché longtemps, le policier demande à l'homme ivre s'il est vraiment sûr de l'avoir perdue à cet endroit. L'autre répond : "Non, pas ici, là-bas, il fait trop sombre".

De manière totalement insensée et contre-intuitive, le protagoniste de l'histoire décide de "bouder" des obstacles insurmontables mais familiers "éclairés par la lumière du réverbère", plutôt que de poursuivre une quête obscure et complexe, certes, mais aussi cohérente avec les objectifs et les problèmes de son existence.

Combien de fois jouons-nous le rôle d'"ivrognes têtus" à la recherche d'une *clé du bonheur* perdue on ne sait où ? Nous nous illusionnons de le trouver dans notre travail, dans notre partenaire, dans le groupe d'amis ou dans la famille, alors que nous savons que nous le gardons *ailleurs* et qu'il nécessite une évolution individuelle et subjective.

Existe-t-il une alternative à la lumière chaleureuse et réconfortante - mais tout aussi *inefficace* et *piégeuse* - de nos propres lampadaires ?

---

[2] *Publié par Franco Fusaro.*

La réponse est affirmative.

Le travail intellectuel et les publications scientifiques de Paul Watzlawick ramènent l'attention du lecteur sur la centralité de la *thérapie*. Cette dernière est bien plus qu'un entretien en *tête-à-tête* avec un spécialiste de la santé mentale visant à résoudre des problèmes psychiques non résolus, dont la plupart trouvent d'ailleurs leur origine dans les premières années de notre vie. Le psychologue est une *figure de pont* ; non seulement il fournit des outils cognitifs personnalisés pour éradiquer les symptômes liés aux stimuli négatifs, mais il permet également à l'esprit de s'entraîner dans un *gymnase émotionnel* adapté à l'individu. Peu à peu, les rencontres avec le thérapeute vont tracer un chemin *sui generis* qui permettra au patient de découvrir la direction à prendre pour mettre la main sur sa *clé* personnelle *du bonheur* - pour reprendre l'exemple proposé par Watzlawick.

Comme si cela ne suffisait pas, la psychothérapie nous aide à mieux nous connaître : elle nous offre une chance de changement et d'acceptation, afin de travailler sur des talents et des attitudes de caractère dont nous nous éloignons de peur de découvrir les côtés *sombres de* notre ego. Or, la connaissance est la *condition sine qua non de la* maîtrise de soi et des pensées intrusives qui nous empêchent de mener une existence épanouie et autonome. Séance après séance, vous découvrirez comment renforcer votre estime de soi et votre efficacité personnelle, comment gérer les symptômes liés à l'épuisement professionnel, mais aussi comment délimiter un espace intérieur personnel dans lequel vous vous sentirez en sécurité - même si le "monde extérieur" vous met à *rude* épreuve.

Pendant de nombreuses années, j'ai commis l'erreur de sous-estimer l'incessante rumination de mon esprit. Les pensées excessives avaient pris les connotations d'un *vieil ami en moi* qui, bien que parfois harcelant et oppressant, me semblait injuste de l'expulser de mon horizon existentiel. Et autant la mienne peut sembler être celle d'un fou, autant je sentais qu'une thérapie visant à réduire les pensées obsessionnelles était une *lutte contre moi-même*, une forme de violence psychique qui m'empêchait d'accepter une caractéristique de ma façon d'*être*, de *penser* et d'*agir*. En vérité, j'étais moi aussi à genoux, à la recherche d'une *clé qui* n'était éclairée qu'en apparence par la lumière d'un réverbère. Je me suis bercé de l'illusion que j'étais *plus* empathique, *plus* introverti, *plus* timide et plus réservé que mes interlocuteurs. J'ai essayé de trouver *mille* excuses à cette paranoïa paralysante qui m'empêchait de prendre des décisions essentielles à mon épanouissement et à mon bien-être.

Je me souviens encore de l'état d'épuisement professionnel dans lequel j'ai sombré lorsque je me suis retrouvée face à une nouvelle porte. Je me sentais coincée entre un travail peu satisfaisant et la peur de signer la lettre de licenciement pour envisager l'avenir avec espoir et ambition. De plus, au lieu de résoudre activement les problèmes, je restais embourbé dans les sables mouvants de mon existence, me demandant : "Qu'est-ce qui ne va pas chez moi ? Non seulement je n'ai pas de talent et de capacité, mais je manque aussi de courage et de détermination. Un échec complet, voilà ce que je suis...".

La psychothérapie a été mon salut.

J'ai appris que chaque choix doit avant tout être autonome et non conditionné par les attentes des autres (ou de la société). Lorsque nous décidons de demander de l'aide, nous le faisons pour nous-mêmes. *La fin.* À l'inverse, chaque fois que nous nous écartons de nos besoins réels ou que nous nous plions à des normes sociales qui nous détournent de la recherche de la *clé du bonheur,* nous exigeons en retour une **gratification momentanée**. Peut-être la certitude de faire partie d'un groupe. Ou peut-être le désir d'être aimé par un partenaire non pas pour ce que nous sommes vraiment, mais pour le rôle que nous préférons jouer. Ou encore, de recevoir les applaudissements et les louanges de ceux qui, après tout, abritent autant d'insécurités, de frustrations et de désirs inassouvis. En bref, ces superstructures nous font perdre la tête ; elles nous convainquent que nous sommes sur la bonne voie, mais en fin de compte, elles nous rapprochent un peu plus du précipice de la réflexion excessive, de l'anxiété, du stress et de l'épuisement au travail et dans la famille.

Le mot d'ordre est... *RALENTISSEZ !*

Ralentir permet de se comprendre, de s'écouter, de trouver des solutions alternatives à la routine d'une existence qui glisse entre les doigts comme le sable entre les mains d'un enfant.

Dans un tel scénario, la thérapie n'est pas la solution à la *mer de* problèmes non résolus qui résonnent à vos oreilles. La thérapie est plutôt *un outil* - ou plutôt *l'outil* (avec l'article déterminant) - qui vous permet de faire vos premiers pas loin du *lampadaire de votre zone de confort, afin* de trouver votre **vrai moi**. Ce dernier est souvent dissimulé, caché dans l'ombre. Il se défend et se moque, de peur d'affronter des facettes de votre caractère que vous ne soupçonniez même pas. *Mais n'est-ce pas là une forme de libération ?* S'accepter à 360 degrés, sans craindre de plonger dans les profondeurs de la psyché, sans reculer devant le moindre malaise.

Je pense que oui.

Ma psychothérapie a été une succession de *hauts et de bas qui, pendant* deux ans, m'ont permis de renaître. Et je suis né, bien sûr, parce que je le désirais ardemment. Les spécialistes de la santé mentale n'ont pas de formule magique *(Abracadabra !)* pour éradiquer les souffrances enracinées dans les recoins les plus sombres et les plus inaccessibles de votre inconscient.

La tâche du thérapeute consiste à éloigner doucement votre main du *lampadaire de la vie*. Ce qui vous attend - si vous décidez d'abandonner une fois pour toutes les schémas cognitifs de la rumination mentale - est un processus de développement et d'amélioration individuels dans lequel vous avancez pas à pas, sans précipitation. Personne ne vous tirera par le collet en vous invitant à "accélérer le rythme". Vous trouverez peut-être votre propre *clé du bonheur* après deux mois, un an, cinq ans ou peut-être... toute *une vie !*

À mon avis, il est bon de poursuivre la quête la tête haute et le cœur plein d'espoir ! L'avenir réserve des *surprises infinies aux* aventuriers qui, ayant trouvé le courage de prendre le large en quittant un port sûr, s'en remettent au vent et à leur boussole émotionnelle pour atteindre de *nouvelles destinations prometteuses*.

CHAPITRE 8

Les 5 conseils qui chassent les pensées

C'est le soir. La lumière jaunâtre des lampadaires projette des ombres oblongues sur le gravier de mon jardin. Mes yeux sont fatigués et endormis. Pourtant, mon cœur bat la chamade. Après avoir tapé le mot "*Fin*", je regarde autour de moi d'un air rêveur. Je viens de terminer une aventure (éditoriale) dont je me souviendrai toute ma vie. Et je suis à deux doigts de fermer mon ordinateur portable et de me jeter sur le canapé lorsque je remarque du coin de l'œil un petit livre qui m'a tenu compagnie pendant cette aventure faite de *papier, de mots et de pages imprimées.*

Sur la couverture cramoisie, j'entrevois le titre plongé dans la pénombre de mon bureau : *De brevitate vitae de* Lucius Anneus Seneca.

Vous l'obtiendrez ! Je suis aussi passionnée par le développement personnel, les neurosciences et l'auto-assistance que par l'histoire ancienne et la littérature. Il ne se passe pas un jour sans que je ne sorte une maxime grecque ou latine, prêtant l'oreille aux vérités cachées dans les écrits de nos ancêtres du Vieux Continent. Dans un langage simple et parfois informel - un peu comme si l'on discutait avec un vieil ami en toge et sandales romaines aux pieds - l'auteur invite le public à réfléchir à un état commun à tous les êtres vivants - personne n'étant exclu : *la brièveté de la vie,* précisément.

Les paroles du stoïcien s'adressent à Pompée Paulinus, le destinataire des missives. Malgré les jugements de ses contemporains, son exil en Corse et son retour à Rome dans l'isolement, Sénèque a continué à coucher sur le papier les réflexions de toute une vie.

De temps en temps, nous dit-il, nous avons l'impression que notre existence est *trop* courte.

"Il me faudrait des journées de 48 heures..." - répètent *Titius* ou *Caius.*

Cela vous semble-t-il familier ?

Nous commettons l'erreur de croire que la vie s'écoule dans l'agitation, comme les eaux mugissantes d'une chute d'eau. Contrairement aux plaintes de ses contemporains, le penseur latin objecte ce qui suit : il n'est pas du tout vrai que nous disposons de peu de temps pour réaliser nos rêves. Mais nous en faisons un mauvais usage et nous le gaspillons. La thèse du philosophe est forte, puissante et révolutionnaire : le temps ne s'écoule pas sur une ligne horizontale. Il ne va pas du point A (la naissance) au point Z (la mort), en passant par F (le dixième anniversaire) et M (notre premier salaire).

Le temps descend dans les profondeurs, il suit une trajectoire *verticale* qui nous permet d'atteindre les abîmes de nous-mêmes et de notre psyché - mais seulement si nous le voulons. Or, la grande majorité des hommes (depuis la Rome antique) préfèrent gaspiller leur bien le plus précieux dans des choses inutiles et insignifiantes : les ragots, le jugement des autres, la carrière, l'argent, la réputation, le luxe, etc.

Combien de fois avez-vous prononcé ou entendu des expressions telles que : "J'aimerais visiter le Japon, mais j'ai trop de choses à faire maintenant... Peut-être quand je serai à la retraite", ou "J'ai toujours voulu suivre un cours d'écriture créative, mais les coûts sont prohibitifs et je ne pense pas pouvoir le faire", ou "Je suis toujours pressé ! Je n'arrive pas à me déconnecter, même lorsque je vais me coucher ou que je prends mon petit-déjeuner le matin. J'ai tellement de livres à lire qui prennent la poussière... Peut-être que je les rattraperai cet été, sous le parasol !

Voyez-vous la *faille* dans les points de vue susmentionnés ?

Le vrai problème réside dans le fait que l'expérience de la vie *n'est pas linéaire*. Nous nous imaginons que nous avons un contrôle total sur notre avenir. Or, l'avenir est un immense point d'interrogation. Nous ne pouvons pas savoir ce qui se passera dans deux heures, et encore moins dans une semaine, une année ou une décennie ! Remettre à plus tard les plaisirs et les occasions de se reposer ou de prendre soin de soi n'est jamais synonyme de *report*, mais de *renoncement*.

Maura Gancitano et Andrea Colamedici écrivent dans *Take it Philosophically - A Manual for Individual Flowering* (publié par Harper-Collins) : "Nous nous berçons d'illusions en pensant que nous pouvons accumuler une *série de crédits sur la vie* que nous pourrons finalement rembourser à la retraite, mais cela signifie que nous ne vivons pas. Ces moments sont perdus. Le temps doit être bien utilisé maintenant, il ne peut pas être thésaurisé, et bien l'utiliser ne signifie pas l'optimiser sans jamais se reposer, mais l'utiliser pour prendre soin de soi, pour se rapprocher de soi. *"Comme il est tard pour commencer à vivre quand il faut finir"*, écrit Sénèque, parce que les décisions sages, si elles sont ce que nous désirons vraiment, doivent être prises maintenant, et non pas reportées à la fin de la vie, à laquelle nous ne savons même pas si nous arriverons".

Cher lecteur, cela vous rappelle-t-il quelque chose ? Exactement : votre combat contre la procrastination, l'overthinking et la rumination mentale ! Souvent, les procrastinateurs en série se livrent à une longue, longue chaîne de rêveries futures qui appauvrissent le présent, c'est-à-dire l'*ici et maintenant* dont je vous ai parlé dans les chapitres du livre que vous tenez entre les mains.

Ce que j'essaie de vous dire, c'est que la vie réserve des surprises merveilleuses, émouvantes et pleines de sens à ceux qui sont prêts à la *gérer de la* meilleure façon possible. Sans *si* et sans *mais*. Sans peur des jugements, des ricanements ou des regards pleins d'incompréhension et de jugements inavoués.

La question qui se pose alors est la suivante : *existe-t-il un moyen de vivre... pleinement ?* Quels sont les outils en notre possession pour ralentir le temps, descendre dans ses profondeurs ?

Les techniques anti-pensées apprises dans les pages de ce livre sont sans aucun doute des alliées précieuses, car elles vous aident à retrouver votre motivation perdue et à stimuler le sentiment de bien-être, l'estime de soi et la confiance dont vous avez besoin pour vous transformer en la meilleure version de vous-même.

En outre, je vous invite à suivre les cinq conseils de mon *vade-mecum pour le bonheur*.

J'espère qu'elles vous seront utiles lorsque tout ce qui vous entoure semble perdre son sens et sa signification.

- **Travaillez sur vous-même**. Avant de faire la sourde oreille aux critiques des autres, entraînez votre capacité d'auto-jugement. Loin de la culpabilité, des mantras négatifs et des pensées intrusives, vous découvrirez que l'amélioration de soi n'est pas une corvée... *mais une histoire à rebondissements dont la fin est imprévisible !* Avec un peu d'entraînement, vous réaliserez qu'il est bien plus gratifiant de retrousser ses manches et de devenir l'architecte de sa propre vie, plutôt que d'attendre (im)patiemment que la manne tombe du ciel !

- **Apprendre à dire non**. En essayant de satisfaire les autres *toujours et partout*, nous tombons dans l'erreur d'utiliser le temps de manière linéaire. Nous nous désintéressons de nos projets, nous remettons au lendemain ce qui est vraiment prioritaire pour nous. Je ne veux pas dire par là que vous devez adopter un comportement égoïste et narcissique. Il s'agit plutôt de trouver le juste équilibre entre *donner et recevoir (le quid pro quo latin), afin* de tisser des liens *vraiment* significatifs qui améliorent votre humeur et vos relations interpersonnelles.

- **Appréciez les efforts des autres**. Il n'y a rien de mal à demander de l'aide à ceux qui font mieux que vous ! Être moins *bon*, moins *doué, moins talentueux* et moins *créatif* qu'un collègue de travail ou un camarade d'études n'est pas une fragilité à cacher la queue entre les jambes, mais plutôt une occasion précieuse de demander à votre interlocuteur *comment, quand et pourquoi il/elle* a réussi à atteindre ses objectifs. Commencez à traiter les autres comme des exemples dont vous pouvez vous inspirer, et non comme des rivaux en amour, en famille ou au travail.

- **Laissez tomber les problèmes qui échappent à votre contrôle. Dans l'**écrasante majorité des cas, nous nous entêtons jusqu'à perdre la raison dans l'espoir (vain) de nous accrocher aux *personnes*, aux *émotions* ou aux *choses* qui nous apportent bonheur et bien-être à un stade donné de l'existence. Or, la vie est en constante évolution. C'est un tumulte d'individus, de paroles, d'événements, d'occasions et d'adieux qu'il faut apprendre à accepter avec le sourire. L'amour se manifeste aussi (et surtout) en renonçant à la présence des figures auxquelles nous sommes le plus attachés, quitte à les soutenir dans leurs choix. Tout change, tout coule. Et ce ne sont pas les ruminations mentales d'un overthinker TOC qui arrêteront le temps qui passe. Je vous invite plutôt à faire place à la nouveauté. Que dit-on ? *Si une porte se ferme, une porte s'ouvre !*

- **Demandez de l'aide lorsque vous sentez que vous tombez dans l'abîme des *pensées excessives*.** Malgré le processus de transformation et de libération que vous avez entrepris, les pensées excessives, les insécurités et la paranoïa risquent de revenir dans votre vie... à tout moment

! Ce phénomène n'est pas une forme de défaite ou de régression, mais représente plutôt le cours naturel des choses. Alors, demandez de l'aide à votre thérapeute, lisez des livres, parlez à vos amis, écrivez vos pensées intrusives sur papier et faites l'effort de sourire à ce qui est beau dans la vie de tous les jours. La gratitude pour les petites et grandes réussites existentielles est l'atout dont vous avez besoin pour *aider et être aidé*, pour *comprendre et être compris*.

Pour conclure, le psychologue américain William James a déclaré *: "Agissez comme si vos actions pouvaient faire la différence. C'**est le cas.**"*

RÉFLEXIONS FINALES ET CONCLUSIONS

Nous sommes arrivés au terme de notre voyage pour découvrir la dynamique mentale qui sous-tend les pensées excessives, le manque d'estime de soi, la rumination et la peur de l'échec. Arrivés à ce stade, avant de partir, nous avons le droit et le devoir de prévenir le *risque de rechute*. Selon toute probabilité, mes mots d'encouragement et mes conseils de développement personnel ne laisseront pas de trace indélébile dans votre psychisme. Peut-être que dans une semaine, un mois, un an ou une décennie, vous aurez l'impression de replonger dans le chaos d'un esprit en ébullition, paralysé par les nombreux "*si*" et "*mais*".

N'y pensez pas avant d'y être obligé. Il n'y a rien de problématique à cela : les hauts et les bas de l'existence sont une *composante physiologique*. Si nous ne connaissions pas la nuit, le mal, la solitude et la souffrance, nous ne pourrions pas profiter du jour, du bien, de l'amour et de la satisfaction. Vous êtes certainement arrivé à la fin de ce manuel dans l'espoir d'apprendre quelque chose d'utile pour vous. Pour votre vie. Pour vos relations interpersonnelles.

Le problème sous-jacent ?

Dans votre cœur, vous êtes animé par le désir de résoudre *une fois pour toutes* ce qui vous gêne. Et vous poursuivez le chemin du bonheur avec la conviction que vous arriverez à destination sans jamais regarder en arrière.

Malheureusement, les choses sont un *peu* plus compliquées.

Le processus d'amélioration qui vous attend est une succession de pas en avant et en arrière - *oui, un peu comme une chorégraphie de danse !* Vous risquez d'affronter encore et encore les mêmes ennemis avant de les affaiblir et d'oublier leur existence. C'est pourquoi j'ai préparé en exclusivité pour vous une étude approfondie supplémentaire à forte connotation pratique. Elle porte sur les pratiques holistiques et les avantages du **training autogène** : un outil de relaxation et de (ré)équilibrage homéostatique utilisé par des athlètes professionnels, des entrepreneurs et des personnes extraordinaires, hier et aujourd'hui. J'espère qu'il vous apportera la force mentale et l'endurance physique dont vous avez besoin pour affronter les montagnes russes de la vie avec un cœur plein d'émerveillement.

Si vous avez trouvé mon manuel utile, qu'il vous a intrigué ou qu'il vous a fait sourire, je serais ravie de lire votre commentaire spontané sur Amazon ou d'autres plateformes de vente de livres en ligne. J'ai hâte de connaître vos impressions, de répondre à vos questions et, si possible, de toucher le plus grand nombre possible d'*hyperpenseurs en difficulté.* Après tout, mon expérience en matière de sensibilisation m'a appris la valeur de la patience, de la persévérance et du dévouement. Et qui sait, avec un peu de chance, je pourrai peut-être transmettre mon message d'espoir à un public de plus en plus large.

Il ne me reste plus qu'à vous dire au revoir et à vous remercier d'être restés avec moi jusqu'à la fin.

Merci, merci, merci !

Avec l'affection et tout l'amour dont je suis capable,

Thomas Martin

Printed in France by Amazon
Brétigny-sur-Orge, FR

14549808R00087